Andreas Knapp

Pace e bene!

Ein spiritueller Pilgerführer für den Franziskusweg

Andreas Knapp

Pace e bene!

Ein spiritueller Pilgerführer für den Franziskusweg

Bibliografische Information der Deutschen Nationalbibliothek

Die Deutsche Nationalbibliothek verzeichnet diese Publikation in der Deutschen Nationalbibliografie; detaillierte bibliografische Daten sind im Internet über <http://dnb.d-nb.de> abrufbar.

www.echter.de
Umschlag: wunderlichundweigand.de (Foto: © Ladiras/iStock.com)
Druck und Bindung: Friedrich Pustet, Regensburg
ISBN 978-3-429-05367-3
ISBN 978-3-429-05036-8 (PDF)
ISBN 978-3-429-06446-4 (ePub)

Inhalt

Einführung

Viele Male und auf vielerlei Wegen bin ich nach Assisi gepilgert. Als ich vor gut 30 Jahren das erste Mal mit einer Gruppe von Studierenden vom Berg „La Verna“ Richtung Assisi aufgebrochen bin, haben wir uns gleich am ersten Tag schrecklich verlaufen. Damals gab es noch keine entsprechenden Wanderkarten oder Wegmarkierungen und schon gar kein Navi. Manche Pfade mussten von Dornen und Gestrüpp erst befreit werden. Glücklicherweise haben wir entdeckt, dass viele Wege nach Assisi führen.

Heute kann man sich dank Pilgerführer und Apps leichter orientieren. Ergänzend zu diesen topografischen Reiseführern möchte ich einen spirituellen Wegbegleiter an die Hand geben, in handlichem Format, damit dieser auch im möglichst leichten Rucksack noch Platz finden kann. Denn der Franziskusweg wird nicht durch die Anzahl der zurückgelegten Kilometer oder der verschickten Fotos zur Pilgertour. Es geht weniger darum, Neues zu erleben, als vielmehr darum, selbst neu zu werden. Was daher zählt, sind die inneren Wege. Möglicherweise liegen auch diese manchmal dornig und überwuchert vor uns. Doch Schritt für Schritt kann sich ein neuer Horizont eröffnen, der das Herz weitet.

In diesem Wegbegleiter finden Sie zunächst eine *Lebensgeschichte* des heiligen Franziskus. Manche seiner Wege und Wendungen können auch heute noch inspirieren. In einem zweiten Teil finden sich *Themen für unterwegs*, die zur spirituellen Gestaltung des Pilgerweges anregen wollen. Sie neh-

men oft Erfahrungen aus dem Leben des Franziskus auf, folgen aber nicht unbedingt der Chronologie seines Lebens. Die Reihenfolge dieser Themen kann daher beliebig verändert und somit der eigenen Route und Länge der Pilgerreise angepasst werden. Für manche Themen legen sich bestimmte Orte nahe (etwa Greccio, Gubbio, La Verna).
Es empfiehlt sich, ein Tagebuch zu führen. Wer sich in den Pausen oder am Abend ein paar Notizen davon macht, was er erlebt hat oder was in ihm nachklingt, kann möglicherweise einen inneren Weg entdecken. Und vielleicht wird er am Ende der Pilgerreise über den roten Faden staunen, der sich durch diese Zeit gezogen hat.
Ich wünsche Ihnen, dass der franziskanische Gruß „pace e bene" (Frieden und Gutes) Türen und Herzen öffnet.

Leipzig, 1. Januar 2019

Andreas Knapp

I. Mein Franz von Assisi

Jedes Bild, das ich mir von anderen Menschen mache, bleibt immer sehr persönlich gefärbt. Das gilt auch vom Lebensbild des heiligen Franziskus, das ich hier zu zeichnen versuche. Ich werde mich zwar um historische Genauigkeit[1] bemühen. Doch zugleich spiegelt das Folgende wider, was mich persönlich an der Person dieses Mannes aus Assisi fasziniert.

Im Nacherzählen der Biografie des Franziskus richte ich daher meinen Blick darauf, was mir diese Geschichte für mein eigenes Leben sagen kann. Aus diesem Grund werden manche Begebenheiten und Zitate in freier Form wiedergegeben. Das gilt auch für die Legenden (wörtlich: das zu Lesende), die von Franziskus erzählt werden. Die Legende einer Landkarte erklärt, was die Linien, Farben und Symbole in Bezug auf die wirkliche Landschaft bedeuten. So sollen auch die Legenden über Franziskus Lesehilfen sein, die sein Leben auf dem Hintergrund seiner Beziehung zur Wirklichkeit Gottes deuten.

1. Eine Zeitreise

Pilgern gleicht manchmal einer „Zeitreise". In vielen Dörfern und Städten Umbriens taucht man beim Durchschreiten der Stadttore in ein mittelalterliches Flair ein. Auf malerischen Marktplätzen und in den engen Gassen berührt uns ein Hauch längst verflossener Zeiten. Doch nicht nur das Stadtbild stellt uns vergangene Welten vor Augen. Manchmal begegnen wir noch Menschen, die wie ihre Vorfahren von einer einfachen Landwirtschaft oder vom Handwerk leben. Das kann unsere Phantasie beflügeln und uns in die Zeit zurückversetzen, in der Franz von Assisi gelebt hat.

Wie sah Mittelitalien um das Jahr 1200 aus? Die Region Umbrien gehörte damals zum „Heiligen Römischen Reich deutscher Nation“, das in viele Herzogtümer, Grafschaften usw. gegliedert war. Der Herzog von Spoleto mit seinem Sitz in der gleichnamigen Stadt herrschte auch über die Städte Foligno und Assisi. Kaiser Friedrich Barbarossa (1152–1190) löste dann die Grafschaft Assisi aus dem Herzogtum heraus und unterstellte es seiner persönlichen Herrschaft. Assisi empörte sich gegen diese Vereinnahmung, wurde aber von kaiserlichen Truppen belagert und erobert. Als Herzog von Spoleto regierte damals Konrad von Urslingen, ein schwäbischer Adeliger. Er residierte zeitweilig auch in der mächtigen Burg über Assisi (Rocca) und erzog den späteren Kaiser Friedrich II. (1194–1250), der im Dom von Assisi getauft wurde. Nach dem frühen Tod von Kaiser Heinrich VI. (1165–1197) nutzte Papst Innozenz III. das Machtvakuum, um in Umbrien seinen politischen Einfluss auszuweiten. Konrad von Urslingen unterstellte sich dem Papst. Die Bürger von Assisi rebellierten freilich auch gegen den Versuch, ihre Stadt und die Burg der päpstlichen Herrschaft zu übergeben. Sie besetzten und zerstörten die Zwingburg über Assisi. Mit deren Steinen sicherten sie dafür ihre Stadtmauern.

Hier zeigt sich, dass die Bürger von Assisi mit einem neuen Selbstbewusstsein auftraten. Sie waren durch aufblühende Wirtschaft und Handel zu Reichtum gekommen und wollten die Regierung und Verwaltung ihrer Stadt nun selbst in die Hand nehmen. Allerdings kam es auch innerhalb der Stadt zu bürgerkriegsähnlichen Auseinandersetzungen. Denn das neue Bürgertum wollte sich mit den Vorrechten des alten Adels nicht mehr abfinden. Der alteingesessene Adel verbündete sich mit Perugia und so kam es zum Krieg zwischen den beiden Nachbarstädten, die von jeher um die wirtschaftliche und politische Vorherrschaft konkurrierten. Bei diesem Gefecht im Jahr 1202 geriet der junge Franziskus in Gefangenschaft und kam erst ein Jahr später – wahrscheinlich durch die Bezahlung eines Lösegeldes – wieder frei.
Dieser erste Blick in die Zeitgeschichte von Franziskus zeigt uns eine Epoche voller Konflikte: Die politische Großwetterlage war von den Kreuzzügen und den Machtkämpfen zwischen Kaiser und Papst gekennzeichnet. Dazu kamen die Kleinkriege zwischen den Städten und schließlich die Streitigkeiten innerhalb der Stadtmauern. Vor diesem Hintergrund liegt es auf der Hand, warum Franziskus die Botschaft von Frieden und Versöhnung so sehr am Herzen lag.

2. Der neue Reichtum

Ein großer Aufschwung von Handwerk und Handel hatte im 12. Jahrhundert dem aufstrebenden Bürgertum einen immer größeren Einfluss beschert. Der steigende Wohlstand

führte auch zum Wachstum der Bevölkerung. Assisi zählte damals etwa 12.000 Einwohner. Die Handwerker schlossen sich in Zünften zusammen und durch den blühenden Handel brachten es einige Kaufleute aus Assisi zu großem Reichtum. Zu diesen Neureichen gehörte auch der Vater von Franziskus, Pietro Bernardone, der als Tuchhändler wertvolle Stoffe aus Frankreich importierte.
Im landwirtschaftlich genutzten Umland lebten ungefähr weitere 5.000 Menschen. Dort produzierte man Getreide, Früchte, Wein und Olivenöl; daneben war auch die Rinder-, Schweine- und Schafzucht von Bedeutung.
Durch die florierende Wirtschaft wurde auch die Kirche immer reicher und behäbiger, was im Gegenzug Erneuerungsbewegungen auf den Plan rief. Diese Reformbestrebungen wollten sich an der ursprünglichen Armut orientieren, wie sie Jesus selbst gelebt hatte. Eine wichtige Rolle spielte ein reicher Kaufmann namens Petrus Waldes, der sich vom Evangelium aufrütteln ließ und radikal auf seinen Besitz verzichtete. Aus der von ihm angeregten Reformbewegung der „Armen von Lyon“ entwickelte sich eine „evangelische Kirche“, die bis heute Bestand hat (Waldenser). Daneben traten auch die Katharer (wörtlich: „die Reinen“) auf. Sie kritisierten nicht nur den Reichtum von Kirche und Gesellschaft, sondern lehrten eine radikale Zweiteilung der Welt in Gut und Böse (Dualismus). Die Materie stammt vom Bösen (Teufel), dem gleichrangig das gute, geistige Prinzip (Gott) gegenübersteht. Durch seinen Körper ist der Mensch dem bösen Prinzip verhaftet, durch seine Seele, seinen Geist gehört er jedoch dem guten Prinzip an.

Diese dualistische Weltsicht verurteilte alles Materielle und predigte eine strenge Askese, die den menschlichen Körper und die Sexualität negativ einstufte: Die Ehe und Zeugung von Kindern wurden verboten. Die Elite dieser Bewegung glaubte, als „Vollkommene" bereits erlöst zu sein. Die Kirche bekämpfte die Katharer, zunächst durch Predigt und Gespräche und nach deren Scheitern auch mit Gewalt.
Auf der Folie, dass die Katharer die Schöpfung als schlecht abqualifizierten, wird der Gegensatz deutlich, den Franziskus in diesem geistigen Umfeld predigte: Auch die Materie wurde von Gott geschaffen und ist daher von Grund auf gut!

3. Kindheit und Jugend von Franziskus

Franziskus wurde um 1181 als Sohn eines reichen Tuchhändlers geboren. Seine Mutter mit Namen Pica (Elster) stammte wahrscheinlich aus Südfrankreich. Sie gab ihrem Kind den Namen Johannes Baptista, doch der Vater, der während der Geburt in Frankreich weilte, nannte nach der Rückkehr seinen Sohn „Francesco" (= der Franzose). Als Heranwachsender half Franziskus im Geschäft seines Vaters mit und lernte lesen, schreiben und rechnen. Wahrscheinlich kannte er auch die Erzählungen aus dem ritterlichen Frankreich (Artussage, Rolandslied). Er sang gerne Lieder in französischer Sprache und träumte von Heldentaten und Rittertum. Aufgrund des väterlichen Reichtums konnte Franz eine sorglose Jugend genießen. Er leistete sich teure Kleider und lud Freunde zu aufwändigen Gelagen ein. In

diesen großzügigen bis verschwenderischen Gesten wollte er die höfische Kultur nachahmen.
Einen entscheidenden Einschnitt brachte die Kriegsgefangenschaft im Jahr 1202. Doch selbst im Kerker von Perugia blieb Franziskus fröhlich und guter Laune. Seine Mitgefangenen hielten ihn deshalb für etwas verrückt. Nach dem Freikauf durch seinen Vater blieb Franz für längere Zeit krank. Die Kerkerhaft forderte ihren Tribut, und so war Franziskus für den Rest seines Lebens ein von Krankheiten gezeichneter Mensch. Die körperlichen Leiden, aber auch die Erschütterung durch den Krieg führten Franziskus in Grenzerfahrungen, die sein bisheriges Weltbild ins Wanken brachten.

4. Die Bekehrung: der andere Reichtum

Es waren mehrere Ereignisse, die dem Leben des Franziskus eine neue Wendung gaben. Nach der Gefangenschaft machte Franz im Alter von etwa 22 Jahren eine weitere einschneidende Erfahrung. Erfüllt von ritterlichem Ehrgeiz entschloss er sich, zusammen mit einem Adeligen nach Apulien zu ziehen. Dort wollte er auf Seiten der mit dem Papst verbündeten Truppen an einem Feldzug teilnehmen – in der Hoffnung, dadurch in den Adelsstand erhoben zu werden. Die Überlieferung erzählt von einem Traum, der wohl für viele junge Männer (nicht nur damals) typisch ist: Er sieht einen Palast mit glänzenden Waffen. Die beiden brachen also mit Pferd und Waffen auf und übernachteten in Spoleto. Dort wurde Franz krank und hörte im Traum eine Stimme, die ihn aufforderte, wieder nach Assisi zurückzukehren. Mit dem Abbruch seiner Reise verabschiedete sich Franziskus von seinen ritterlich-kriegerischen Ambitionen. Und seit diesem Ereignis nahm er nie wieder ein Schwert in die Hand.

Nach Assisi zurückgekehrt, lud er wie gewohnt zu üppigen Festen ein; dennoch trieb ihn eine Unruhe und innere Leere vor sich her. Er spürte, dass ihn der Wohlstand und die zahlreichen Vergnügen nicht mehr erfüllten. Unsicher, wie sein Leben weitergehen sollte, streunte er durch die Umgebung von Assisi. Eines Tages betrat er die kleine, halb verfallene Kirche von San Damiano, die am Berghang unterhalb der Stadtmauern von Assisi liegt. Und wie oft in seinem Leben fand Franziskus an einem unscheinbaren Ort, wo niemand etwas Wichtiges vermutet, das Entscheidende: In diesem Kirchlein hing ein auf Holz gemaltes Kreuz im byzantinisch-syrischen Stil. Franz hielt inne und ließ sich vom Anblick dieses Kreuzes innerlich ansprechen. Der Blick auf den ruinösen Zustand des Kirchengebäudes ließ ihn dann seinen Auftrag erahnen: „Franziskus, siehst du nicht, dass mein Haus zerfällt? Komm, stell es wieder für mich her!“

Mit der Betrachtung des Kreuzesbildes begann für Franziskus der Weg zu einer innerlichen, innigen Beziehung mit Jesus, dem Leidenden. Darüber hinaus ging ihm immer mehr auf, dass Gott sich in Jesus der ganzen Welt zugewandt und ihr durch Jesu Leiden und Sterben eine Hoffnung auf neues Leben geschenkt hat.

Als weiteres Element in der Geschichte seiner Bekehrung spielte für Franziskus die Begegnung mit einem Lepra-Kranken eine zentrale Rolle. Diese Krankheit ist auch unter einem Namen bekannt, der ihre sozialen Konsequenzen benennt: „Aussatz". Der von Lepra Befallene wird ausgesetzt, wird aus der Gesellschaft ausgestoßen. Wurde bei jemandem Aussatz festgestellt, so musste diese Person nach einer Art kirchlicher Totenliturgie die Stadtgemeinschaft verlassen und in einer Behausung außerhalb der Stadtmauern leben. Sie durfte diesen Ort der Verbannung nicht mehr verlassen und keinen Kontakt zu den Gesunden pflegen.

In seinem Testament berichtet Franziskus ausdrücklich von der Begegnung mit den Aussätzigen, die sein Leben radikal verändert hat. Ursprünglich waren die offenen Wunden der Aussätzigen und ihr Gestank dem vornehmen Franziskus unerträglich und er ekelte sich vor ihnen. Doch als er dann wieder einmal einen Aussätzigen traf, überwand er seinen inneren Widerstand: Er ging spontan auf ihn zu und umarmte ihn. Dies führte zu einer inneren „Umpolung", die er selbst so beschrieb: „Was mir vorher bitter schien, das ist mir süß geworden."

Der Schritt auf den Aussätzigen zu bedeutete für Franz zugleich einen Schritt heraus aus der bisherigen Gesellschaft. Er besuchte nun öfter Lepra-Kranke und machte sich damit selbst zu einem Außenseiter. Der Wunsch, vom Bürger zum Ritter aufzusteigen, drehte sich in eine ganz andere Richtung: Das verwöhnte Bürgersöhnchen stieg aus der vom Geldgeschäft geprägten Welt aus und wandte sich den Menschen am untersten Rand der Gesellschaft zu.

All diese Erfahrungen veranlassten den 26-jährigen Franziskus zu einer Neuorientierung. Er war entschlossen, sein bisheriges Leben „in der Welt und in Sünden zu verlassen", wie er sich ausdrückte. Diese Wende oder Bekehrung vollzog sich in mehreren Schritten und führte schließlich zu einem radikalen Bruch mit seinem gewohnten Umfeld und Lebensstil. Franz vollzog einen Seitenwechsel: aus der Position eines betuchten Kaufmannssohnes auf die Seite der Verachteten und Ausgestoßenen. Er wollte ein Armer unter den Armen sein, ein Verachteter unter den Verachteten. Auf deren Seite wollte er Jesus Christus näher kommen, der ja ebenfalls die Seite gewechselt hat: vom Thron Gottes zur Armut von Krippe und Kreuz.

5. Der Bruch mit dem Vater

Um die Renovierung der Kirche von San Damiano zu finanzieren, belud Franziskus ein Pferd mit wertvollen Stoffen und verkaufte diese samt dem Pferd auf dem Markt von Foligno. Sein Vater war über diese Veruntreuung seines Vermögens erbost. Aus Angst traute sich Franziskus nicht mehr nach Hause, sondern versteckte sich. Nach ein paar Wochen kehrte er völlig verdreckt und heruntergekommen heim. Tief enttäuscht über seinen Lieblingssohn, der einmal sein Erbe antreten sollte, verpasste ihm Pietro Bernardone ein Tracht Prügel und sperrte ihn dann in einem Zimmer des elterlichen Hauses ein. Die Mutter allerdings half ihrem Sohn zu fliehen, und schließlich verklagte der Vater seinen missratenen Sprössling vor Gericht. Weil er beim städtischen Tribunal nichts ausrichten konnte, erhob er Klage beim bischöflichen Gericht. Die Szene ist berühmt: Die Einwohner von Assisi haben sich auf dem Marktplatz versammelt, um das öffentliche Spektakel zu verfolgen. Denn dass ein Sohn aus gutem Hause von seinem eigenen Vater vor dem kirchlichen Gericht verklagt wird: Welch ein Skandal!

Franz sagte sich in aller Öffentlichkeit von seinem Vater los und gab ihm alles Geld zurück. Dann überließ er dem Vater auch noch seine Kleider und legte am Schluss seine Unterhose ab. Splitternackt trat er vor die Menge und erklärte, dass er von nun an nur noch Gott als seinen Vater anerkenne. Bischof Guido von Assisi legte seinen Mantel um Franziskus, um seine Blöße zu bedecken. Diese Geste ist auch ein Sinnbild dafür, dass Franz jetzt ein Leben im Raum der Kirche, ein Leben in der Beziehung mit Gott führen wollte.

Franziskus mit seiner spontanen und oft überschwänglichen Art neigte zu solchen dramatischen Inszenierungen. Durch die starke Performance auf dem Marktplatz machte er deutlich, dass er seinem Vater und dessen Reichtum den Rücken zuwandte. Was hat ihn zu dieser drastischen Szene bewegt? Franz hat wahrscheinlich eingesehen, dass der Verkauf des Pferdes und der kostbaren Kleider ohne Einverständnis seines Vaters nicht in Ordnung war. Aber die scharfe Reaktion seines Vaters, der ihn einsperrte und um jeden Preis das Geld zurückbekommen wollte, haben Franziskus gezeigt, wie sehr sein Vater seinem Geschäft und den Finanzen verfallen war. Geld war ihm wichtiger als die Beziehung zu ihm, seinem Sohn. Franziskus suchte jetzt seinen familiären Halt bei einem anderen Vater, den er auf dem Marktplatz von Assisi als „mein Vater im Himmel“ ansprach. Der Maler Giotto hat in der Kirche San Francesco diese Szene als Wechsel von

Kleidung und Blickrichtung dargestellt: Der entblößte Franz schaut nicht auf seinen leiblichen Vater, der in seinem Zorn zurückgehalten werden muss. Sein Blick geht vielmehr zum Himmel, wo ihm Gottes segnende Hand diskret und freilassend Zuwendung und Begleitung verspricht.

Dieser Konflikt wurde für Franziskus zu einem weiteren Schlüsselerlebnis, das seinen Weg prägen sollte. Schon seit dem Friedenskuss des Aussätzigen war in ihm die Entscheidung herangereift, von einer Seite der Gesellschaft zur anderen zu wechseln. Er blieb nicht am sicheren Ufer der Besitzenden und Mächtigen, sondern „konvertierte" und trat immer mehr auf die Seite der Armen und Ausgeschlossenen.

Damit verband sich eine neue Lebensphilosophie: Franziskus warnte nun vor dem Reichtum, vor dem Kleben am Geld, vor der Vergötzung des Habens. Besitz kann besessen machen. Franz verabscheute es, Geldmünzen anzufassen, selbst wenn er sie auf der Straße fand. Wie Jesus predigte er eine Armut, die frei macht. Dabei romantisierte er nicht die materielle Not, unter der Menschen oft brutal zu leiden haben. Die Armut, die Franziskus leben wollte, hatte auch nichts mit einer zwanghaften und selbstquälerischen Askese zu tun. Vielmehr entdeckte Franziskus in einer freiwilligen, fast spielerischen Armut eine Freiheit, die ihm neue Lebensräume und Beziehungen eröffnete. Der anspruchslose Lebensstil kann die Geschwisterlichkeit untereinander fördern: Alle Menschen sollen sich als Brüder und Schwestern verstehen und miteinander teilen lernen.

Franziskus ließ sich auf diesem Weg von Jesus inspirieren: Er wollte – in einer Formulierung des heiligen Hieronymus –

„nackt dem nackten Christus folgen“ und wie dieser aller materiellen Besitztümer entkleidet sein. Am Ende seines Lebens wollte Franz sogar nackt auf dem Boden liegend sterben.

6. Die ersten Gefährten

Nach der dramatischen Szene auf dem Marktplatz von Assisi machte sich Franziskus an die Arbeit, das Kirchengebäude von San Damiano und auch andere Kapellen wie etwa S. Maria degli Angeli („Portiuncula“) zu renovieren. Seine Sehnsucht nach einem andern Leben fand in dieser Aufgabe ein erstes Ziel. Vielleicht erkannte er in dieser Arbeit auch seine eigene Lebenssituation wieder, die von Unruhe geprägt einer offenen Baustelle glich. Später ging ihm auf, dass auch die Erneuerung der Kirche als Ganzes anstand. Zunächst jedoch bettelte Franz in Assisi um Geld für die Finanzierung der Renovierungsarbeiten, mit denen er sich mehrere Jahre beschäftigte.

Er kleidete sich wie die Eremiten (= Einsiedler), von denen es damals viele gab: Er trug eine Kutte mit Ledergürtel und Schuhe. Und er war unterwegs mit einem Stock, einem Doppelsack über den Schultern und mit einer Geldbörse im Gürtel.

Am Gedenktag des heiligen Matthias im Jahr 1208 hörte er im Evangelium von der Aussendung der Jünger: „Steckt nicht Gold, Silber und Kupfermünzen in euren Gürtel! Nehmt keine Vorratstasche mit auf den Weg, kein zweites Hemd, keine Schuhe, keinen Wanderstab“ (Mt 10,9f.).

Nach der Messe bat er den Priester um die Auslegung dieses Textes. Durch sie fühlte sich Franziskus in seiner Ahnung bestätigt, dass Jesus und seine Jünger besitzlos gelebt haben. Die neu gewonnene Einsicht wollte Franz wiederum durch das Ablegen der alten Kleider zum Ausdruck bringen: Er trennte sich von Schuhen, Stab und Beutel und trug von nun an eine Kutte aus grobem Stoff. Anstelle eines Gürtels band er sich einen Strick, das Zeichen der Buße, um die Hüften.

Bislang war Franziskus vor allem ein Aussteiger gewesen, der sich von einer an Geld und Luxus orientierten Gesellschaft distanzieren wollte. Jetzt stieg er ein in eine Lebensform, durch die er sich immer mehr mit Jesus Christus identifizieren konnte. „Aus dem Bruch wurde ein Aufbruch.“[2]

Diese Neuorientierung verstand Franziskus als Berufung, die er auf Gott selbst zurückführte. Denn er fand die Anweisungen für seinen Weg direkt im Evangelium, das er möglichst wörtlich zu leben versuchte. Rückblickend schrieb er in seinem Testament: „Nachdem der Herr mir Brüder gegeben hatte, da zeigte mir niemand, was ich tun müsse, sondern der Allerhöchste selbst offenbarte mir, dass ich nach der Form des heiligen Evangeliums leben müsse. Ich ließ es in wenigen Worten und einfach aufschreiben und der Herr Papst bestätigte es mir. Und diejenigen, die kamen, um diese Lebensform auf sich zu nehmen, gaben all ihren Besitz den Armen; und sie waren zufrieden mit einer Kutte, innen und außen mit Flicken besetzt, mit einem Leibgurt und Hosen. Und wir wollten nicht mehr haben.“

Wie kam es dazu, dass sich immer mehr Menschen Franziskus anschlossen? Die radikale und neuartige Form, mit der Franziskus das Evangelium zu leben versuchte, sprach auch andere Personen an wie etwa Bernhard von Quintavalle, eine reiche und hochgestellte Persönlichkeit aus Assisi. Bald darauf gesellte sich Petrus Catanii dazu. Es hätte nahegelegen, sich nun einem der bereits existierenden Orden anzuschließen oder die Priesterweihe anzustreben. Aber Franziskus hatte alle gesellschaftlichen Rollen hinter sich gelassen. Daher mochte er weder Priester werden noch sich einer bereits etablierten kirchlichen Bewegung eingliedern. Er wollte ja gerade auf die Seite derer treten, die in den Augen der Gesellschaft nichts galten. So suchte er nach einer Gegenwelt, die sich in einer neuen und eigenständigen Lebensform zum Ausdruck bringen sollte. Gerade diese Originalität war es, die immer mehr Menschen ansprach und anzog. Es kamen weitere Brüder dazu und Franziskus schickte sie zur ersten Missionsreise durch Mittelitalien. Dabei sollten sie das Evangelium durch Predigt und ihr konkretes Beispiel verkünden. Den Friedensgruß, mit dem die Brüder die Leute begrüßen sollten, hat Franziskus eigens im Testament festgehalten: „Der Herr gebe dir Frieden!" Franz bezog sich hier wiederum auf ein Evangelium von der Aussendung der Jünger: „Wenn ihr in ein Haus kommt, so sagt als Erstes: Friede diesem Haus!" (Lk 10,5).

Franz und seine Brüder wollten also zum Frieden und zur Umkehr aufrufen. Der Ruf zur Buße, verbunden mit der Warnung vor dem göttlichen Gericht, zielte auf eine Änderung des Lebensstils. Statt sich von Neid und der Gier nach

Reichtum verführen zu lassen, sollten sich die Menschen wieder ihren Nächsten zuwenden. Mit seiner Predigt hatte Franziskus durchaus im Sinn, auch die Bischöfe und Priester zu bekehren. Doch so einfach war das nicht und erste Misserfolge stürzten Franziskus in Zweifel an sich und seiner Mission. Im Rieti-Tal wurden die Brüder hingegen gut aufgenommen. Nachdem sich weitere Brüder angeschlossen hatten, waren sie nun zu acht. Die neue Missionsreise führte sie jeweils zu zweit in alle vier Himmelsrichtungen. Franziskus gab den Brüdern folgende Wegweisung mit: Immer wenn sie an einer Kirche vorbeikommen, sollen sie sich dem Kreuz zuwenden und danken, dass Jesus Christus die Welt erlöst hat.

Franziskus, der durch den Bischof von Assisi eine positive Erfahrung mit der kirchlichen Hierarchie gemacht hatte, wollte seine kleine Gemeinschaft im Raum der Kirche ansiedeln. Daher zogen die Gefährten im Jahr 1209 nach Rom, um die Bestätigung ihrer Lebensform durch den Papst zu erlangen. Kardinal Johannes von St. Paul, dem eine Reform der Kirche ein großes Anliegen war, verschaffte Franziskus Zugang zum Papst.

Innozenz III. (Regierungszeit: 1198–1216) hatte zur Kenntnis nehmen müssen, dass sich ganze Regionen von der römischen Kirche abgekehrt und den Katharern oder Waldensern zugewandt hatten. Er führte Gespräche mit Vertretern dieser Bewegungen und es gelang ihm, einen Teil wieder für die Kirche zurückzugewinnen. Da sich die neue Bewegung um Franziskus an ihn als Papst gewandt hatte, schätzte er sie als kirchentreu ein. Daher gab er den Brüdern sogar die Erlaubnis zum Predigen, obwohl diese oft keine Priester oder Theologen waren. Bedenken hatte der Papst gegenüber dem radikalen Armutsideal – denn dieses bedeutete ja eine indirekte Kritik am Reichtum der Kirche. Dennoch gab er der von Franziskus vorgelegten Lebensregel seine mündliche Zustimmung. Einer Legende zufolge hatte er davon geträumt, dass seine Bischofskirche in Rom, die Lateran-Basilika, ins Wanken geriet – und dass ein armer Mann sie von innen her stützte. In Franziskus habe er dann diesen Mann wiedererkannt und ihn daher wohlwollend empfangen.

7. Die Armut als Braut des Franziskus

Franz von Assisi entschied sich nicht für ein einfaches und anspruchsloses Leben, um damit einer asketischen Lebensform zu huldigen. Vielmehr konnte er in der bewusst gewählten Armut einen dem Evangelium gemäßen Sinn entdecken: Sie wird zu einem Weg, sich der Lebensform Jesu anzugleichen und sich mit den Randexistenzen der damaligen Gesellschaft zu solidarisieren. Zugleich eröffnete die Bedürfnislosigkeit eine große Freiheit und eine neue Form von Gemeinschaft mit Gleichgesinnten. Daher atmete dieser Lebensstil etwas Fröhliches, Heiteres und Leichtes. Fast in der Art eines Liebesverhältnisses wurde „Frau Armut" für Franziskus zur geliebten Braut, der er sich verlobte. Wer sich seiner Bewegung anschloss, musste auf jeglichen Besitz radikal verzichten. Selbst die alltäglichen Dinge wie etwa die Kleider galten nur als Leihgaben. Geld sollte nicht einmal angefasst werden. Franziskus hatte in seiner eigenen Familie

schmerzlich spüren müssen, dass das Geld zu einer Art Droge werden kann, die die Seele süchtig macht und zerstört. Franz verbot seinen Brüdern auch, große Kirchen und Klöster zu bauen. Nicht nur der Einzelne sollte arm sein, sondern auch die Gemeinschaft als Ganzes.
Aus der kleinen Bewegung entwickelte sich immer mehr ein Orden, der sich durch eine niedrige soziale Stellung wie auch durch Verzicht auf Besitz und rechtliche Absicherung definieren wollte. Der Poverello (= der Arme), wie Franziskus auch genannt wurde, ließ sich mit seinen Gefährten an der „Portiuncula"-Kapelle nieder. Den Benediktinern, denen das Kirchlein und das umliegende Land gehörten, zahlte er einen symbolischen Pachtzins. An diesem Ort sollte das franziskanische Lebensideal modellhaft verwirklicht werden, etwa in den einfachen Hütten, die sich die ersten Brüder dort bauten. Von ihnen wird erzählt: „Sie freuten sich unablässig im Herrn und hatten nichts in sich selbst und auch nichts zwischen einander, was sie hätte traurig machen können. Denn je mehr sie von der Welt getrennt waren, desto mehr waren sie vereint mit Gott." Nach dem ausdrücklichen Willen des Franziskus sollten die Brüder einer einfachen Handarbeit nachgehen, wie er das selbst vorlebte. Und nur wenn das zum Überleben Notwendige absolut fehlte, durften sie betteln gehen.

8. Gehorsam: aufeinander hören

Franziskus suchte im Evangelium nach Lebensregeln, um die Brüder sowohl an die Kirche als auch aneinanderzubinden.

Auf keinen Fall sollten sie sich wie die Katharer von der Kirche trennen oder gar eine Gegenkirche bilden. Ihm war die Ehrfurcht vor den Priestern und die Zugehörigkeit zur römischen Kirche ein zentrales Anliegen. Innerhalb seiner Gemeinschaft interpretierte der Poverello das Gelübde des Gehorsams nicht im Sinne einer Unterwerfung unter eine Autorität. Vielmehr sollten sich die Brüder gegenseitig wertschätzen und einander dienen. Franziskus lehnte den in anderen Orden üblichen Titel „Prior" (Erster) ab. Die Verantwortlichen in seiner Gemeinschaft wurden „Minister" (wörtlich: Diener) genannt. Die gegenseitige Fußwaschung stellte für Franz das Sinnbild des Gehorsams dar. „Kein Bruder soll einem andern etwas Schlechtes antun oder sagen, sondern vielmehr sollen sie einander freiwillig in der Liebe des Heiligen Geistes dienen. Das ist der wahre und heilige Gehorsam unseres Herrn Jesus Christus." In der Bezeichnung „Minderbrüder" (**O**rdo **F**ratrum **M**inorum) spiegelt sich die Selbstverpflichtung zu Demut und Dienstbereitschaft.

Weiterhin heißt es in der Ordensregel des Franziskus: „Jeder soll seinen Bruder mit den Gaben, die Gottes Gnade ihm geschenkt hat, so lieben und umsorgen, wie eine Mutter ihren Sohn liebt und umsorgt." Was das konkret bedeuten kann, lebte Franziskus selber vor. In Rivotorto waren sie einmal mitten in einer besonders strengen Fastenzeit, als gegen Mitternacht einer der Brüder zu schreien begann: „Ich sterbe!" Die anderen Brüder wachten erschrocken auf und Franziskus fragte: „Was hast du? Wieso meinst du, dass du sterben musst?" Der klagte: „Ich sterbe vor Hunger." Daraufhin ließ Franziskus auf der Stelle eine Mahlzeit herrichten und alle aßen gemeinsam mit dem Bruder. Als sie mit dem Essen fertig waren, ergriff Franziskus das Wort: „Meine Brüder! Ich sage euch, ein jeder muss auf seine Kräfte achten. Wenn einer womöglich mit weniger Nahrung auskommt als ein anderer, so möchte ich nicht, dass derjenige, der mehr braucht, sich anstrengt, es ihm gleichzutun … Wir sollen uns vor übertriebenem Fasten hüten, denn der Herr will Barmherzigkeit, nicht Opfer."

9. Der Spielmann Gottes

Franziskus wollte mit den Menschen am Rand der Gesellschaft auf einer Stufe stehen. Zu diesen zählten damals auch die Gaukler und Spielleute. In diesem Sinn verstand sich der Poverello als Spielmann Gottes, der zwar oft belächelt wurde, aber zugleich viele Leute spielerisch anzusprechen verstand. Er redete in einfachen Worten, die auch Hirten und Bauern erreichte und in den Städten die Massen anzog. In Greccio inszenierte er die Weihnachtsgeschichte und wurde somit zum Erfinder der Krippenspiele und Krippendarstellungen.

Sein großes Thema war die Erlösung der Welt: Die ganze Welt ist Schöpfung Gottes und darum gut. In Jesus hat sich Gott auf diese Welt eingelassen, um der ganzen Schöpfung seine Liebe und Treue zu zeigen. Im kleinen Kind von Betlehem wird Gott als Mensch geboren und hat alles Menschliche, auch mit seiner Verletzbarkeit und Armut, umfasst. In einem Säugling kann der Mensch Gott begegnen, der sich klein macht, um berührbar und nahe zu sein.

Die Botschaft des Franziskus lässt sich in dem Gruß „pace e bene“ (Friede und Gutes) zusammenfassen. „Bene“ meint mehr als nur den Wunsch „Alles Gute!“. Denn dieses Wort verweist auf die Grundbotschaft, dass die Schöpfung gut ist und sich der Güte Gottes verdankt. Auch wenn der Mensch durch seine Gier und Habsucht die Welt in Unordnung gebracht hat, so wird durch das Leben, Sterben und Auferstehen Christi alles wieder gut.

Diese Botschaft ist zuinnerst mit dem Wunsch nach Frieden verbunden. Franziskus hatte am eigenen Leib die Folgen von Feindschaft und Krieg erlebt. Umso mehr hat er sich vom Zauber des Friedens anrühren lassen. Frieden ist ein anderes Wort für die Geschwisterlichkeit unter Menschen, die wirtschaftliche oder gesellschaftliche Barrieren überwindet. Dem Evangelium gemäß rief Franziskus zur Versöhnung und sogar zur Feindesliebe auf. Er zog ins Heilige Land, wo damals das Heer des Sultans und die Kreuzfahrertruppen aufeinandertrafen. Er ging unbewaffnet ins Lager des Sultans, um ihn von Jesus Christus zu überzeugen und Frieden zu stiften. Der Sultan bekehrte sich zwar nicht zum Christentum, gewährte jedoch Franziskus freies Geleit.

Ein weiteres Beispiel zeigt, wie sehr Franz die Versöhnung am Herzen lag: Als er erfuhr, dass der Bürgermeister und der Bischof von Assisi miteinander in heftigem Streit lagen, schickte er zu jedem der beiden zwei Brüder. Diese sollten ihnen eine Strophe des Sonnengesangs vorsingen, die Franz eigens zu diesem Zweck gedichtet hat: „Gelobt seist du, mein Herr, für jene, die verzeihen um deiner Liebe willen.“ Als die streitenden Parteien diesen Gesang hörten, waren sie davon so bewegt, dass sie sich tatsächlich versöhnten.

Aufgrund der erfahrenen Geschwisterlichkeit drängte es Franziskus, anders mit der Schöpfung umzugehen. Der Poverello hat gerade die Natur als Gegenwelt zu einer Gesellschaft erfahren, in der es immer mehr um Ausbeutung und Profit geht. Darum lag Franziskus so viel daran, die Schönheit der Schöpfung zu preisen, die dem Menschen von Gott geschenkt und anvertraut ist. Folglich soll der Mensch mit den Tieren, den Pflanzen, mit allen Geschöpfen dankbar und versöhnt zusammenleben. Franz lebte dies konkret vor: Er trug Raupen und Würmer von den Wegen aufs Feld, damit sie nicht zertreten werden. Im Winter kümmerte er sich darum, dass die Bienen nicht verhungern. In den Pflanzen besang er die Schönheit und die Güte Gottes. Er wollte mit Kaiser Friedrich II. sprechen, um ein Verbot der Vogeljagd zu erwirken. Franziskus erkannte in allen Geschöpfen Schwestern und Brüder. Seinen literarischen Ausdruck hat dies im berühmten Sonnengesang (siehe Anhang) gefunden: Gott wird *für* seine Schöpfung gepriesen; und er wird *durch* seine Geschöpfe gepriesen.

Dieser Gesang ist einer von vielen, die Franziskus gedichtet und gesungen hat; er stand damit in der Tradition der Troubadoure, der fahrenden Sänger, die in Frankreich und Italien unterwegs waren.

10. Die Freundschaft mit Klara

Eine große Rolle im Leben des Franziskus spielte seine Freundschaft mit Klara (geboren 1193/94). Diese stammte aus der stadtadeligen Oberschicht; ihre Familie musste bei der Plünderung der kaiserlichen Burg zeitweise nach Perugia fliehen. Klara war tiefreligiös erzogen und hörte Franziskus eines Tages predigen. Sie traf sich im Alter von etwa 18 Jahren heimlich mit dem damals 29-Jährigen, und diese Begegnung ließ in ihr die Sehnsucht wachsen, etwas anderes aus ihrem Leben zu machen, als standesgemäß verheiratet zu werden.

Beseelt vom Wunsch, dem goldenen Käfig zu entkommen und ein mit den Ausgegrenzten solidarisches Leben zu führen, erklärte sie, dass sie ihr Erbe und Vermögen den Armen geben wolle. Auch als dieser bildhübschen jungen Frau mehrere attraktive Heiratsanträge gemacht wurden, ließ sie sich davon nicht mehr beeindrucken. In der Nacht zum Palmsonntag 1212 schlich sie mit einer Freundin ihrer Mutter und ihrem Vetter Rufino aus dem Haus und lief zur Portiuncula hinunter. Dort wurde sie von Franziskus und einigen Brüdern erwartet und mit brennenden Fackeln begrüßt. Klara beichtete und kleidete sich dann mit einer groben Kutte und einem Strick als Zeichen der Buße, der Umkehr zu einem anderen Leben. Daraufhin legte sie in die Hände von Franziskus das Gehorsamsgelübde ab. Zur Besiegelung dieses Versprechens schnitt ihr Franziskus das lange, goldblonde Haar ab. Dann versteckte man Klara zu ihrem Schutz in einem Benediktinerinnenkloster, das dem Papst unterstand. Klaras Verwandte fanden den Unterschlupf und wollten sie von dort mit Gewalt wieder herausholen. Als sie in das Kloster eindrangen, klammerte sich Klara an den Altar. Dabei fiel ihr Schleier herunter und man sah ihren kahl geschorenen Kopf, der als Tonsur ihre Zugehörigkeit zum geistlichen Stand demonstrierte. Jetzt wurde Klaras Angehörigen deutlich, dass sie sich von ihrer Familie definitiv getrennt hatte.

In kürzester Zeit schlossen sich Klara rund 50 Frauen an, die meist aus adeligen Familien stammten. Unter ihnen befand sich auch Agnes, eine leibliche Schwester von Klara. Es entstand die neue Gemeinschaft der sogenannten „Armen Frauen". Sie lebten extrem einfach und verrichteten Handarbeit wie auch das Stundengebet, so wie die Gefährten von Franziskus. Klara legte Wert darauf, dass die Armen Frauen nicht als „Nonnen" (monaca; Klosterfrau), sondern als „Schwestern" bezeichnet wurden. Sie durften allerdings nicht umherziehen, sondern mussten aufgrund der Sicherheitslage und gemäß kirchlichem Recht in Klausur, also hinter Klostermauern, leben. Die päpstliche Kurie weigerte sich lange Zeit, die frauliche Variante franziskanischen Lebens anzuerkennen, weil dieser Orden sich nicht durch Eigentum absichern wollte. Dass die Frauen nur von Handarbeit, Leihen und Betteln leben könnten, sei unrealistisch.

Doch Klara war eine sehr eigenständige Persönlichkeit und kämpfte um die Anerkennung ihrer Ordensregel, die eine radikale Armut vorschrieb. Lange wurde ihr dies nicht gewährt. Als sie 1253 schon im Sterben lag, erreichte sie die Zustimmung des Papstes zu ihrer strengen Armutsregel. Dies

ist die erste offizielle Anerkennung einer Lebensregel, die von einer Frau verfasst wurde.
Franziskus schätzte Klara als Gefährtin im Geist und wichtige Ratgeberin. Beide verband eine tiefe Freundschaft, die in ihrer Liebe zu Jesus Christus und zur Armut begründet lag.

11. „Der zweite Christus"

Seit seiner Meditation vor dem Kreuz von San Damiano war Franziskus von der Gestalt Jesu Christi tief berührt. Er betete oft vor einem Kreuz und staunte vor dem zentralen Geheimnis des Christentums: dass der große Gott sich so klein macht, um dem Menschen nahezukommen. Er zeigt sich als kleines Kind, in dem er liebevoll berührt werden kann. Er verzichtet auf Macht, damit die Menschen lernen, sich nicht mit Gewalt durchzusetzen.
Der Unfriede, so wusste der Poverello aus bitterer Erfahrung in der eigenen Familie, wird oft durch den materiellen Reichtum verursacht: Wer reich ist, klebt am Besitz und muss ihn mit Waffen verteidigen. Gott wurde arm, damit wir eine andere Art von Reichtum erfahren können, nämlich den Reichtum des Friedens und der Liebe.
Franziskus wollte Jesus Christus möglichst wörtlich nachahmen. Viele Zeitgenossen konnten in Franz daher ein lebendiges Evangelium erkennen. Körperlich sichtbarer Ausdruck für seine Identifikation mit Christus waren die Wundmale, die er auf dem Berg La Verna erhielt. Diese „Stigmatisierung" wird oft als übernatürliches Wunder verstanden. Ich persönlich neige einer Interpretation zu, die – ganz franzis-

kanisch! – im Natürlichen das Wunderbare zu entdecken vermag:
Berichte über Wunden am Körper und den kranken Zustand seiner Haut legen die Vermutung nahe, dass Franziskus an Lepra erkrankt war. Immer wieder hatte der Poverello ja Aussätzige umarmt und geküsst; er besuchte das Spital der Leprösen bei Assisi und lebte eine Zeitlang mit Aussätzigen. Auch auf seinen Reisen suchte er immer wieder die Nähe von Leprakranken.
Der Aufenthalt auf dem La Verna wird als eine Zeit der Krise geschildert. Vielleicht hat sich Franziskus auf diesen Berg zurückgezogen, nachdem er seine Erkrankung festgestellt hatte. Auf dem La Verna musste er wohl damit ringen, diese schreckliche Krankheit als Konsequenz seiner Verbundenheit mit Jesus Christus anzunehmen.
Auf vielen Darstellungen sieht man einen Engel (Seraph), der die Kreuzeswunden Christi trägt. Von diesen Wunden gehen Strahlen aus und verbinden sie mit den Wunden des Franziskus. Der Engel (= Bote) hilft dem Poverello, seine Krankheit und blutigen Wunden zu deuten: Von ihnen führt eine Verbindungslinie zu den Wundmalen Jesu. So konnte sich Franziskus gerade in seiner Erkrankung und den blutigen Wunden mit dem gekreuzigten Christus identifizieren.
Wenn Franziskus zu Beginn seines neuen Lebensweges in einem aussätzigen Menschen Christus erkannt hat, so ist er nun „ein zweiter Christus geworden“, wie manche Zeitgenossen von ihm sagten: Als Folge seines Verhaltens, so wie Jesus Christus auf Kranke zuzugehen, war er nun selbst aus-

sätzig geworden. Nun konnten andere in seiner Person Christus erkennen und berühren. Und verehren.

12. Schwester Tod

Gegen Ende seines Lebens wurde Franziskus von schweren Sorgen geplagt. Mit der ständig wachsenden Gemeinschaft konnten seine Ideale immer weniger gelebt werden. Franziskus war mit dem zunehmenden Maß an Verwaltung und der damit verbundenen materiellen Absicherung nicht einverstanden. Die ursprüngliche Vision ging zusehends verloren und die Radikalität der Armut wurde abgeschwächt. Weil der Orden seinem eigenen Gründer über den Kopf gewachsen war, dankte Franziskus im Jahr 1220 als Leiter seiner Gemeinschaft ab.
Dazu kam der körperliche Verfall von Franziskus. Franziskus war mit seinem Körper oft zu hart umgegangen. Er sah in den körperlichen und seelischen Bedürfnissen wie im Nahrungstrieb, im Wunsch nach Besitz oder in der Sexualität eine Quelle der Versuchungen, denen er mit strengem Verzicht zu begegnen suchte. Dabei gilt freilich auch, dass er den Körper und alles Materielle nicht als etwas prinzipiell Böses verstand – wie die Katharer –, sondern als gute Schöpfung Gottes.
Der „Bruder Esel“, wie Franziskus seinen Körper nannte, wurde nun immer mehr von Krankheiten geplagt. Vermutlich litt er an Lepra, an Fieberanfällen (wahrscheinlich durch Malaria verursacht) und an chronischen Erkrankungen von Leber, Milz und Magen. Während seiner Reise in den Ori-

ent hatte er sich zudem eine Augenkrankheit zugezogen, die zur völligen Erblindung führte. Es ist typisch für Franziskus, dass er gerade in dieser Zeit, als sich sein körperlicher Zustand rapide verschlechterte und er die Schönheit der Natur gar nicht mehr betrachten konnte, den Sonnengesang dichtete.
Elias von Cortona, der seit 1224 die Leitung des Ordens übernommen hatte, drängte Franziskus, in Rieti seine Krankheiten medizinisch behandeln zu lassen. Die brutalen Methoden der damaligen Zeit – Ausbrennung von Gewebe an den Schläfen durch ein glühendes Eisen oder Aderlass, d.h. künstlich herbeigeführter Blutverlust – brachten nicht die erhoffte Besserung. Im Jahr 1226 verschlimmerte sich der Zustand von Franziskus. Er war bis auf die Knochen abgemagert und erlitt einen Blutsturz. Sein Körper und die Beine schwollen an, was darauf hindeutete, dass das Herz zu versagen begann. Franziskus bat, zur Portiuncula-Kapelle gebracht zu werden. Dort wollte er, umgeben von vielen seiner Brüder, sein Sterben „zelebrieren".
Franziskus ging seinem Tod gefasst entgegen und begrüßte sein nahendes Ende als „Schwester Tod", für den er im Sonnengesang eigens eine weitere Strophe gedichtet hatte. Er ließ sich das Evangelium von der Fußwaschung vorlesen, sozusagen das Vermächtnis Jesu bei dessen Abschied. Daraufhin segnete er Brote, die gebrochen und an die Brüder ausgeteilt wurden. Franziskus wollte nackt auf dem nackten Erdboden sterben und so noch eine Zeitlang liegen bleiben. Am Abend des 3. Oktober 1226 wurde er von Schwester Tod in die Arme geschlossen.

Lebendig geblieben ist die Erinnerung an einen kleinen Mann, der sich vom Evangelium hat prägen und verwandeln lassen. Die Ausstrahlung, die Franziskus schon auf seine Zeitgenossen hatte, wirkt bis heute und lädt dazu ein, in seinen Fußstapfen dem Sinn des eigenen Lebens wieder mehr auf die Spur zu kommen.

II. Themen für unterwegs

1. Vom Wandern zum Pilgern

Zum Innehalten

Für viele bedeutet „Wandern" vor allem eine körperliche Bewegung. Doch schon vom Ursprung des Wortes her hängt „wandern" mit „wandeln" zusammen. Und dies meint neben der äußeren Bewegung (man denke an die „Wandelhalle" oder an den Ausdruck „auf den Spuren eines Menschen wandeln") vor allem einen inneren Vorgang: sich verändern. Wandern wandelt, verändert uns. Es geht um einen seelischen Prozess, bei dem sich etwas in uns verwandeln und neu werden kann.

„Pilger" deuten ihr Unterwegssein als spirituelle Wandlung, als einen Weg zu Gott. Pilgern ist in Mode gekommen. Menschen wollen nicht nur ihren Körper trainieren, sondern hoffen, dass dabei auch innerlich etwas in Bewegung kommt. Das Wort „Pilger" leitet sich von lateinisch „peregrinus" her: Der Mensch, der „per ager", also über seinen Acker, hinausgegangen ist. Man verlässt sein Haus und das gewohnte Umfeld und geht aufs Land, übers Land. Man geht von der Heimat in die Fremde. Im alten Rom wurden die Ausländer als „peregrini" bezeichnet, denn sie besaßen ja keinen eigenen Grund und Boden. Nach römischem Recht waren sie im Unterschied zu den Sklaven frei, aber sie besaßen kein Daheim und damit auch keine Bürgerrechte.

Im frühen Christentum erhielt das Wort „peregrinus" einen positiven Klang: Die Christen verstehen sich nicht als Sesshafte, sondern als Pilger: Sie fühlen sich nirgends auf dieser Welt ganz zuhause, weil sie auf eine andere Welt zugehen. Daher klammern sie sich auch nicht an Besitz, auf dem man „sitzt“, und kleben nicht an Immobilien (= „Unbewegliches“). Vielmehr folgen sie Jesus nach, der auch als Pilger und Wanderprediger unterwegs war: „Die Füchse haben Höhlen und die Vögel des Himmels Nester; der Menschensohn aber hat keinen Ort, wo er sein Haupt hinlegen kann“ (Mt 8,20).

In diesem Lebensstil Jesu wird deutlich, dass Gottes neue Welt, das Reich Gottes, noch aussteht. Jesus gründet keine Stadt und richtet keinen Ashram ein. Damit verdeutlicht er den Kern seiner Botschaft: Wir sind erst noch unterwegs zu Gottes neuer Welt. Daher dürfen wir uns nirgends für immer niederlassen. Das Reich Gottes ist noch nicht da. Wir müssen auf es zugehen, damit es auf uns zukommen kann. Natürlich hat auch Jesus viele Jahre seines Lebens an einem festen Ort verbracht. Und während seiner Wanderjahre kehrt er gerne ein und genießt die Gastfreundschaft vieler Menschen. Zugleich ist Jesus davon überzeugt, dass wir Menschen im Tiefsten Gäste und Fremdlinge sind. Wir sind unruhig wie Zugvögel im Herbst und müssen stets unterwegs bleiben, weil uns erst in Gottes neuer Welt die Vollendung geschenkt wird: „Unsere Heimat ist im Himmel“ (Phil 3,20).

Sinne und Sinn spüren

Beim Pilgern kann das Gehen selbst zur Meditation werden. Nämlich dann, wenn ich im Gehen spüre, was ich tue und wie es mir dabei ergeht. Mir kann deutlich werden, dass es mit meinem Gehen zu tun hat, „wie es mir geht". Es läuft nicht nur, sondern *ich* laufe ganz bewusst. Ich freue mich, meinen Körper wahrzunehmen und seine Kraft zu spüren. Im Achten und Sehen auf den Körper kommt es zu tieferen Einsichten. Beim „Beten mit den Füßen" verbinden sich Aktion und Kontemplation.
Ich gehe heute eine Wegstrecke bewusst und aufmerksam. Bei dieser Entdeckung der Langsamkeit achte ich auf meinen Bewegungsablauf. Mit jedem Schritt betrete ich ein Stück neues Land und lasse ein anderes Fleckchen Erde zurück. Zugleich verändert sich schrittweise auch meine Perspektive: Ich sehe die Landschaft immer ein bisschen anders. Manches rückt aus dem Blick und Neues taucht auf. Spüre ich dabei auch einen inneren Fort-Schritt?

Im Gehen kann sich ein bestimmtes Lebensgefühl niederschlagen:

- In einem alten Kirchenlied heißt es: „Wir sind nur Gast auf Erden ..."
- Ich habe Fernweh – und ich habe Heimweh: Wann spüre ich das eine und wann das andere?
- Wo bin ich wirklich daheim?
- Kann ich den Satz von Chesterton nachempfinden: „Selbst zuhause habe ich immer noch Heimweh"?

In zahlreichen Bibelstellen schlägt sich das Lebensgefühl des Pilgerseins nieder:

- „Wir haben hier keine bleibende Stadt, sondern wir suchen die zukünftige" (Hebr 13,14).
- Im 1. Petrusbrief verstehen sich die Christen als Fremde ohne Heimatrecht; sie gleichen Gästen, die kein Bürgerrecht haben (vgl. 1 Petr 1,1; 1,17).

Nachsinnen

pilgerwegweisung

lass karten und navi daheim
lerne fragen und vertrauen
bleib stets unterwegs
zwischen steinen und sternen
solange du andern noch etwas nachträgst
gehst du noch nicht deinen eigenen weg
wandernd lebe nicht auf großem fuß
sondern von der hand in den mund
brich nicht deinen wanderstab
über deinen irrwegen
trag nicht zu schwer an dir selbst
mit einem ölzweig kann man fliegen
von ziel zu ziel
wird der weg dir wesentlicher
dein fernweh aber bleibt
dein treuer pilgerführer bis nach hause

2. Auf, brich auf!

Zum Innehalten

Mit hochrotem Kopf baut sich der 14-Jährige vor seinem Vater auf: „Ich hasse dich!“ Ein Notruf, mit dem er sich von seinem Vater zu lösen versucht. Der Vater reagiert verständnisvoll: „Ich weiß, dass du es gar nicht so meinst!“ Auf diese Antwort hin beginnt der Sohn seinen Vater nun wirklich zu hassen: Wie kann der Vater denn besser wissen, was sein Sohn meint? Und er schwört sich, dass er niemals so werden will wie sein Vater.

Die Loslösung eines Kindes von den Eltern kann zu dramatischen Szenen führen. Oft braucht es gerade dort, wo viel Nähe war, einen scharfen Schnitt, damit ein eigenes Leben möglich wird. Franziskus hat seinen Bruch mit dem Vater und dessen Denk- und Lebensweise auf dem Marktplatz von Assisi dramatisch inszeniert:

Franz ist 23 Jahre alt. Er stammt aus einer wohlhabenden Bürgerfamilie und lebt damit in einer privilegierten Position. Seine berufliche Karriere ist vorgezeichnet: Franziskus wird das Geschäft des Vaters übernehmen und die Politik in seiner Stadt mitbestimmen. Seinen Freunden gilt er als Party-Löwe, der gerne zu ausschweifenden Festen einlädt.

Franziskus übernimmt zunächst gern die ihm zugedachten Rollen. Er passt sich den Erwartungen des Vaters an und empfängt dessen Zuwendung und Liebe. Sein Leben verläuft in vorgezeichneten Bahnen. Doch dann verschiebt sich etwas im Grundgefüge seines Lebens, wie wenn sich Kontinentalplatten in Bewegung setzen. Selbstverständliches wird fraglich und Neues kommt in den Blick. Franziskus lernt, sich selbst, Gott und die Menschen mit anderen Augen zu sehen. Er umarmt einen Aussätzigen und überwindet damit den Graben, der die ordentlichen Bürger von den Ausgeschlossenen trennt.

Als er anfängt, das Familienvermögen zu verschleudern, droht der Vater mit Enterbung. Doch das bedeutet für Franz nicht mehr viel. Vor dem kirchlichen Gericht zieht er sich vor aller Augen nackt aus und wirft dem Vater Geld und Kleidung vor die Füße. Die alten Gewänder – und mögen sie noch so teuer und schick sein – passen ihm nicht mehr. Vieles ist zur Fassade geworden. Franz will nicht mehr von seinem Vater abhängig sein, sondern aus einer anderen Beziehung leben: „Nicht mehr Pietro di Bernardone nenne ich meinen Vater, sondern ich rufe: Vater unser im Himmel."

Mit dem Ablegen seiner vornehmen Kleider lässt Franziskus auch seine alte Lebensweise zurück, seine Abhängigkeiten und Schutzmechanismen. Er ist seinen Kinderschuhen entwachsen. Lieber will er barfuß gehen, als sich in die vornehmen Stiefel seines Vaters zwängen zu lassen. In ähnlicher Weise zeigt Klara durch das Abschneiden ihrer Haare, dass sie einen scharfen Schnitt machen und aus der bisherigen Lebensweise aussteigen will.

Indem Franziskus und Klara sich aus den Konventionen und Zwängen ihrer Herkunftsfamilien befreien, werden sie frei für andere Menschen. Und zwar genau für jene, die vom Fortschritt und Wohlstand der damaligen Gesellschaft ausgeschlossen waren. Als Franziskus den Aussätzigen umarmt, spürt er eine tiefe Nähe Gottes. So findet er zu seiner neuen Identität, die ihn als Bruder aller Menschen leben und handeln lässt.

In der Geschichte von Franziskus und Klara wird deutlich, was auch für unser Leben gilt: Ein echter Aufbruch ist *radikal*. Aufzubrechen tut weh, weil etwas zu Bruch geht. Kinder werden erwachsen; die Schulzeit oder das Studium gehen zu Ende; man entwächst bestimmten Rollen und Mustern; Beziehungen verändern sich; eine Krankheit oder Krise wirft alles über den Haufen. „Denn Bleiben ist nirgends“ (Rainer Maria Rilke).

Vielleicht spüre auch ich ein Ungenügen: So, wie ich jetzt lebe – das kann doch nicht alles gewesen sein! Es wohnen noch Potentiale in mir, die verwirklicht werden wollen. Aus vorgespurten Gleisen auszubrechen fällt allerdings schwer. Sich von einengenden Menschen oder Gewohnheiten zu lösen, denen man sehr verhaftet ist, kann ungeheuer schmerzen. Aufzubrechen erfordert daher Mut und die Bereitschaft zum Wagnis. Aber nur so werde ich mehr zur eigenen Identität finden.

Sinne und Sinn spüren

Im Wandern erfahre ich mit Leib und Seele, mit Verstand und Gefühl, was mit Aufbruch gemeint ist. Das Wort „erfahren“ weist schon darauf hin, dass etwas in mir in Bewegung kommt: Ich „fahre“ oder besser: gehe weiter. Dabei muss ich nicht darüber nachdenken, was „aufbrechen“ inhaltlich bedeutet. Indem ich mich dem Gehen überlasse, vollziehe ich schon den Auszug aus den Fixierungen. Im Alltag folge ich meinen Gewohnheiten und spiele meine Rollen. Beim Pilgern kann ich diese hinter mir lassen. Ich wandere mich frei von Bindungen und Abhängigkeiten. Ich lasse die alten Kleider bestimmter Denkmuster zurück. Ich löse mich von Menschen, auf deren Anerkennung und Lob ich warte. Ich kann mich selbst neu erfahren und ausprobieren. Dabei kann helfen, für eine bestimmte Zeit für andere (auch über Handy) nicht mehr erreichbar zu sein.

Man kann sich auch mit einer Weg-Geschichte der Bibel auf den Weg machen und das Erzählte selber nachempfinden, Schritt für Schritt. Indem ich mich in die Rolle einer Person hineinbegebe, können mir wandernd der Sinn und die Erfahrung dieser Geschichte auf-gehen.

- *Abraham* hört auf eine innere Stimme, die ihn dazu auffordert, die vertraute Heimat und das gesicherte Setting loszulassen, um ins Unbekannte zu ziehen: „Geh fort aus deinem Land, aus deiner Verwandtschaft und aus deinem

Vaterhaus in das Land, das ich dir zeigen werde" (Gen 12,1).
- *Elija* ist erschöpft. Doch ein Engel spricht ihn an: „Steh auf und iss! Sonst ist der Weg zu weit für dich " (1 Kön 19,7).
- *Die Jünger der Emmausgeschichte* erzählen unterwegs einem Unbekannten von ihrer Trauer und Enttäuschung. Im Nachhinein geht ihnen auf, dass sie dabei Jesus Christus und der Botschaft von Auferstehung und neuer Hoffnung begegnet sind (vgl. Lk 24,13–35).

⋆ Wie ergeht es mir mit diesen Weggeschichten?
⋆ Wenn ich auf meine Lebensgeschichte schaue: Was hilft/half mir, um aufzubrechen?
⋆ Was hindert(e) oder fesselt(e) mich: Abhängigkeiten im eigenen Inneren oder äußere Bindungen?
⋆ Welche Rolle spielt(e) dabei mein Glaube, meine Spiritualität?

Nachsinnen

Abraham

stammvater
aus ur-zeiten

utopisches wetterleuchten im blut
sehnsuchtskompass gottweh

zähle die glühenden sandkörner
am nachthimmel

steck einen stern auf deinen wanderstecken
deine kindheit liegt dir erst noch voraus

nur im verlassen alles vertrauten
findest du heim

3. Von Sehnsucht bewegt

Zum Innehalten

Als Sohn eines reichen Kaufmanns kann sich Franziskus viele Wünsche erfüllen. Er trägt modische Kleidung und kann seine Freunde zu üppigen Festen und Gelagen einladen. Wie viele junge Männer spielt er wahrscheinlich gern mit Waffen und lässt sich dazu begeistern, gemeinsam mit seinen Kameraden in den Krieg gegen Perugia zu ziehen. Trotz der einjährigen Kriegsgefangenschaft träumt er immer noch vom Rittertum und bricht mit Schild und Schwert ausgerüstet in Richtung Apulien auf.

Doch in Spoleto muss er auf die Stimme seines Körpers hören: Er wird krank und kann nicht weiter. Ein Traum, eine innere Stimme schickt ihn nach Assisi zurück. Es fällt Franziskus sicher nicht leicht, so unrühmlich in seine Vaterstadt heimzukehren. Umso mehr stürzt er sich erneut in Feste und Feiern mit seinen Freunden. Die Rückkehr in das altvertraute Leben erfüllt ihn jedoch nicht mehr. Die Begegnung mit dem Aussätzigen lässt ihn mit einer tieferen Schicht seiner Seele in Berührung kommen. Das Leiden des anderen ruft ein Mitleiden wach: Franziskus spürt Empathie und empfindet eine Verbundenheit mit diesem leidenden Menschen, der ihm dadurch zum Bruder wird. Geld und Waffen ziehen ihn nicht mehr an. Vielmehr spürt er nun eine Sehnsucht nach einem anderen, neuen Leben.

In der Meditation des Kreuzes sieht Franz in Jesus von Nazaret vorbildlich die Freiheit von Besitz und die Zuwendung zu den Ausgestoßenen verwirklicht. In der Nachahmung dieses Weges befreit er sich aus der Abhängigkeit von materiellen Gütern und erfährt eine Verbundenheit mit Menschen am Rand der Gesellschaft. Er sehnt sich danach, Jesus in dessen Armut und Solidarität mit den Ausgegrenzten immer ähnlicher zu werden, und dies prägt sein weiteres Leben.

Franziskus hat hinter den oberflächlichen Wünschen nach Geld und Macht eine tiefere Stimme der Sehnsucht gehört und ihr getraut. Von einem ähnlichen Weg erzählt Michael Ende in seiner „Unendlichen Geschichte“ auf märchenhafte Weise. Der Junge Bastian Balthasar Bux erhält ein Kleinod, auf dessen Rückseite geschrieben steht: „Tu, was du willst“. Zunächst meint er, dass er nun alles Mögliche tun könne. Doch er muss lernen, dass es darum geht, seinen „wahren Willen“ zu finden. In einer langen, phantastischen Reise geht Bastian den Weg seiner Wünsche nach, vom einen zum andern, bis zum letzten. Ganz am Ende seiner abenteuerlichen Wanderschaft findet Bastian zu seinem tiefsten Wunsch: Er möchte selbst lieben können.

Sinne und Sinn spüren

Wer pilgert, sucht etwas. Ohne Sehnsucht würde man ja gar nicht erst aufbrechen. In jedem Menschen wohnen Bedürfnisse, Wünsche und Träume von einem besseren Leben. Wir kennen Anlagen, die entfaltet, und Kräfte, die entbunden werden wollen. Wer keine Sehnsucht mehr spürt, hat das Leben satt und ist seiner überdrüssig. Umgekehrt setzt erst Sehnsucht einen in Bewegung: „Die Sehnsucht ist der Anfang von allem“ (Nelly Sachs).

In christlicher Deutung lebt in jedem Menschen eine von Gott geschenkte Sehnsucht, die ihn immer wieder aufbrechen lässt und weitertreibt. Kein erreichtes Ziel und kein noch so paradiesisches Fleckchen Erde lassen den Menschen ganz zur Ruhe kommen. Hinter allen Wünschen wirkt eine noch tiefere Sehnsucht, die den Menschen ausrichtet und seinem Leben einen Sinn verleiht. Das Wort „Sinn“ leitet sich vom althochdeutschen „sinan“ her und bedeutet: gehen, reisen, eine Richtung nehmen. Der „Uhrzeigersinn“ gibt eine Richtung an. „Auf etwas sinnen“ bedeutet daher, ein Ziel verfolgen. Augustinus ahnt in der menschlichen Grunderfahrung der Ruhelosigkeit einen tiefen Sinn: „Auf dich hin, Gott, sind wir geschaffen. Und unruhig ist unser Herz, bis es Ruhe findet in dir.“ Gott ist der eigentliche Beweggrund des Menschen.

Auf meinem Pilgerweg kann ich diese Unruhe konkret spüren. Weil mich etwas immer weiterlockt und -treibt, muss ich idyllische Plätze, malerische Landschaften und zünftige

Gasthäuser zurücklassen. Ich spüre dem nach, was mich auf diesen Weg gebracht hat:

* Wollte ich einfach mal weg sein?
* Will ich mich selbst neu erfahren, spüren, erleben?
* Treibt mich ein bisschen Abenteuerlust, Fernweh, Neugier auf eine reiche Kulturlandschaft?
* Welche tieferen Wünsche melden sich darin zu Wort: Was suche ich „eigentlich"?
* Was habe ich in der letzten Zeit als Wunsch, Sehnsucht oder Tagtraum in mir gespürt?
* Wenn ich auf Franziskus schaue: Spüre ich eine Sehnsucht nach „mehr" (die vielleicht auch ein Weniger an .... einschließt)?
* Kenne ich eine Grund-Sehnsucht, die mich schon lange begleitet?

Nachsinnen

„Gott ist die Heimat aller Menschen. Er ist unsere einzige Sehnsucht. Gott ist im Innersten aller Kreaturen verborgen und ruft uns. Das ist die geheimnisvolle Ausstrahlung, die von allen Wesen ausgeht. Wir hören seinen Ruf in der Tiefe unseres Wesens, wie die Lerche, die früh von ihrer Gefährtin geweckt wird, oder wie Julia, die Romeo unter ihrem Balkon pfeifen hört.

Obwohl wir Gott nie gesehen haben, sind wir wie Zugvögel, die an einem fremden Ort geboren doch eine geheimnisvolle Unruhe empfinden, wenn der Winter naht, einen Ruf des Blutes, eine Sehnsucht nach der frühlingshaften Heimat, die sie nie gesehen haben und zu der sie aufbrechen, ohne zu wissen wohin.“ *(Ernesto Cardenal)*[3]

Zugvögel

die Sehnsucht schaut in den Südhimmel
lockendes Blau im Mittagsland
Singend sammeln sich die Vagabunden
gemeinsames Fernweh
treibt sie in Schwärme geheimnisvoller Ordnung
kein Nest hält sie zurück
wer kennt den Weg ins gelobte Land
den Sternen uralter Sehnsucht folgen
den Landkarten des Herzens vertrauen
verschollene Erinnerung wird wach
Träume lenken die Flügel
Nomaden des Himmels

4. Gott wandert mit

Zum Innehalten

Alle Religionen kennen Pilgerwege. Der Mensch ist von Natur aus ein Nomade, ein Wanderer. Das konkrete Unterwegs-Sein dient als Sinnbild für das Leben selbst: Wie ein Weg kennt unser Leben einen Beginn und ein Ende. Es lockt nach vorne, aber es stellen sich auch Hindernisse in den Weg. Bisweilen gerät man auf Umwege oder landet in Sackgassen. Man kann sich ver-laufen.
Leben ist ein Lernweg: Nur wer fährt, wird erfahren. Nur wer wandert, ist bewandert. Die spirituelle Dimension des Lebens drückt sich als „Pilgerweg" aus: Der Mensch geht von Gott aus und findet in ihm sein Ziel. Deutlich wird dies etwa, wenn Menschen zu einem Berg pilgern, auf dem ein Tempel oder ein Heiligtum errichtet wurde. Der Aufstieg auf den Berg symbolisiert den Weg zu den höheren Mächten. Auf dem Gipfel eines Berges fühlt man sich Gott näher. Wallfahrtsorte, an denen Wunder geschehen (sind), vermitteln das Wunderbare, das Menschen von Gott erhoffen.
Auch die Bibel ist durchzogen von diesen menschlichen Ur-Erfahrungen. Das Alte Testament erzählt von verschiedenen Heiligtümern und Wallfahrtsorten. Der Berg Zion und der Tempel von Jerusalem werden zum Inbegriff des Zieles, zu dem alle Wallfahrten führen.
Die Bibel bringt noch eine andere Dimension ins Spiel: Es ist nicht nur der Mensch, der sich auf den Weg zu Gott

macht. Sondern Gott selbst zieht mit seinem Volk. Israel erfährt während seiner langen Wanderschaft durch die Wüste einen Gott, der nicht in einem festen Tempel wohnt, sondern in einem Zelt mit seinem Volk unterwegs bleibt.
Dass Gott ein Wegbegleiter ist, macht Jesus durch seinen Lebensstil deutlich: Er zieht als Wanderprediger durch das Land: „Heute und morgen und am folgenden Tag muss ich weiterwandern" (Lk 13,33). Jesus wartet nicht an einem bestimmten Ort darauf, dass die Leute zu ihm kommen, sondern er geht auf sie zu und lädt viele ein, mit ihm zu wandern. Von sich selbst sagt er sogar: „Ich bin der Weg" (Joh 14,6). So wächst die Erfahrung seiner Jünger: In Jesus ist Gott Weg geworden. Und dieser hat uns in eine neue Freiheit geführt. Ganz auf dieser Linie werden die ersten Christen als „Anhänger des Weges (Jesu)" (Apg 9,2) bezeichnet.

Sinne und Sinn spüren

Im frühen Christentum gab es Mönche, die ihr ganzes Leben unterwegs waren. Als Gebetsform pflegten sie die sogenannte „Ruminatio" (das Murmeln: ein Wort „wiederkäuen", bis es seinen Geschmack entfaltet). Sie wählten einen Vers aus der Bibel und gehend wiederholten sie ständig diese Worte. Auf dem Weg ließen sie sich von den Worten der Bibel be-wegen und kamen tiefer an ihren Sinn heran. Beim Gehen kann einem der Sinn eines Wortes aufgehen. Es hilft, hierbei auf den Atem zu achten, so dass die Worte im Rhythmus des Ein- und Ausatmens hin- und herfließen können.

Worte der Bibel, von denen ich mich unterwegs bewegen lassen kann:

- „Er führte mich hinaus ins Weite, er befreite mich, denn er hatte an mir Gefallen“ (Ps 18,20).
- „Mit meinem Gott überspringe ich Mauern“ (Ps 18,30).
- „Du schufst weiten Raum meinen Schritten, meine Knöchel wankten nicht“ (Ps 18,37).
- „Auch wenn ich gehe im finsteren Tal, ich fürchte kein Unheil; denn du bist bei mir“ (Ps 23,4).
- „Zeige mir, Herr, deine Wege, lehre mich deine Pfade!“ (Ps 25,4).
- „Der Herr festigt die Schritte des Menschen, an seinem Weg hat er Gefallen. Auch wenn er strauchelt, stürzt er nicht hin, denn der Herr stützt seine Hand“ (Ps 37,23f.).
- „Wir gingen durch Feuer und Wasser. Doch du hast uns herausgeführt, hin zur Fülle“ (Ps 66,12).
- „Dein Wort ist meinem Fuß eine Leuchte, ein Licht für meine Pfade“ (Ps 119,105).
- „Ob ich gehe oder ruhe, du hast es gemessen. Du bist vertraut mit all meinen Wegen“ (Ps 139,3).
- „Wohin ich dich auch sende, dahin sollst du gehen“ (Jer 1,7).
- „Ich will dir nachfolgen, wohin du auch gehst“ (Mt 8,19).

Nachsinnen

der Wanderer

die Unruh der
inneren Uhr
unaufhörlich drängend
geh weiter

Schuhe mehr lieben
als Stühle
Bewegung mehr
als Besitz

unterwegs nur
wächst die Erfahrung
von Menschen
als Gefährten

an kalten Abenden
der Wunsch nach Bleiben
doch der Horizont
lockt lauter

im Sterben längst bewandert
wird der Tod
zum Reiseportal
ins Licht

5. Sich vergegenwärtigen

Zum Innehalten

Viele Menschen erleben sich eingespannt in einen übervollen Alltag. Man fühlt sich hin und her gezerrt von vielerlei Verpflichtungen, die oft gleichzeitig zu erledigen sind. Dazu kommen Termine und Projekte, die einen an Kommendes denken lassen. Es gibt auch das Festhängen an Vergangenem, etwa an Ärger oder Verletzungen, die einen immer wieder einholen und sich festkrallen.

Pilgern schafft Distanz. Ich entferne mich schrittweise vom Getriebe des Alltags und kann im Hier und Jetzt ankommen. Dazu hilft die Beschränkung meines Gepäcks auf das Allernötigste. Wenn ich wirklich „abschalten" will, braucht es auch eine Aus-Zeit für das Handy. Dadurch kann ich mich leichter aus den Netzen lösen, die mich mit anderen Menschen verbinden, oft jedoch auch gefangen nehmen. Denn neu eintreffende Anfragen, Informationen oder Grüße können aus dem eigenen inneren Prozess herausreißen. Dann wandern meine Gedanken und Gefühle anderswohin. Ich gehe dann zwar auf meinem Pilgerweg weiter, allerdings nur schattenhaft, unwirklich, zerstreut. Ich komme mit den Füßen voran, aber Kopf und Herz sind anderswo. Darin liegt ein Unfriede, denn ich bin ja hin- und hergerissen. Frieden dagegen bedeutet: nicht außer mir sein, sondern bei mir bleiben können und mit mir selbst einig werden.

So fordert mich das Pilgern dazu heraus, für eine bestimmte Zeit alles und alle hinter mir zu lassen und mich nur mit mir selbst auf den Weg zu machen. Ich kann mich freigehen aus meinen inneren Bindungen und Abhängigkeiten, in die mich meine Wünsche und Bedürfnisse gebracht haben. Wenn Bequemlichkeit und Komfort wegfallen, können auch die Masken leichter fallen, hinter denen ich mich gewöhnlich verstecke. Meine Leistungen, an denen ich mich sonst messen lasse, zählen hier nicht, ebenso wenig meine sozialen Rollen. Im Verlassen der gewohnten Muster komme ich mehr bei mir selbst an.

Gehen hilft, uns vom Kopf auf die Füße zu stellen. Im bewussten Aufsetzen der Füße und Abrollen der Fußsohlen können sich Spannungen lösen, die sich im Körper festgesetzt haben. Beim Gehen kommen mir Gedanken. Doch ich muss ihnen nicht nachhängen, sondern kann sie weiterziehen lassen. So wie über mir Wolken kommen und gehen. Manchmal wird es einem geschenkt, dass mich keine Gedanken mehr beschäftigen, sondern der Himmel über mir frei und heiter geworden ist. Dann lebe ich ganz im Licht der Gegenwart.

Sinne und Sinn spüren

Vielleicht ertappe ich mich beim Wandern, dass ich innerlich vor jemandem davonrenne – oder jemandem nachlaufe. Eine Szene drängt sich mir immer wieder in den Sinn: eine ungute Diskussion, ein Streit, ein Missverständnis. Oder ich spüre, wie sehr ich an jemandem hänge. Oder mir geht auf, dass mir eine geliebte Person fehlt und wie kostbar sie für mich ist.
Um mehr im Hier und Jetzt zu sein, ist es hilfreich, noch einmal Abschied zu nehmen und diese Menschen zurückzulassen, ihre Anerkennung und ihre Kritik, ihre Liebe und ihren Hass. Ich will sie nicht mitnehmen, weil ich beim Pilgern jetzt *meinen eigenen* Weg gehen möchte. Und wenn ich dadurch mehr bei mir selbst ankomme, kann ich später auch ihnen wieder authentischer begegnen.

- Wenn ich merke, dass ich eine ganze Zeitlang unterwegs war, ohne von der äußeren Landschaft viel mitbekommen zu haben, dann hilft es, stehen zu bleiben und mich zu vergegenwärtigen:
- Mein Kopf war anderswo – aber jetzt spüre ich wieder den Boden unter meinen Füßen! Selbst wenn mich meine Phantasien weit fortgetragen haben – mein Körper ist auf dem Weg hier stehen geblieben!
- Ich schaue ein paar Minuten aufmerksam in die Landschaft, um wahrzunehmen, was sich mir zeigt. Dabei brauche ich das Gesehene nicht zu analysieren, sondern kann mich einfach dem Schauen überlassen.

* Ich schließe für einige Minuten die Augen, um möglichst gut zu hören: die Geräusche einer fernen Straße, den Gesang eines Vogels, das Rascheln von Blättern im Wind, die Stille.
* Ich rieche an Kräutern, Blumen, an einer Handvoll Erde, an Früchten.
* Ich spüre die Sonne auf meiner Haut, den Wind in meinen Haaren. Ich nehme einen Stein in die Hand, um ihn zu ertasten.
* Ich trinke einen Schluck Wasser und esse ein Stück Brot, um auf den Geschmack zu kommen.
* Ich ziehe die Schuhe aus, um mich zu erden: Ich mache mir bewusst, dass ich auf „heiligem Boden" stehe. Denn an jedem Ort dieser Erde können wir Göttliches erfahren, wenn wir achtsam sind. Mose begegnet Gott als dem Gegenwärtigen: „Ich bin, der ich bin" (Ex 3,14).
* Mit einer Geste der Ehrfurcht (z.B. Verneigung) schließe ich diese Übung ab.

Nachsinnen

Regeln für den Pilgerweg

1. Geh im Schweigen! Dann wirst du mehr hören, intensiver sehen, wacher spüren.
2. Geh aufmerksam! Nimm deinen Körper wahr. Den Atem. Deine Kraft. Die Müdigkeit. Den Schmerz. Den aufrechten Gang.
3. Geh in deinem eigenen Rhythmus! Setze dich nicht selbst unter Druck. Du musst dich mit niemandem messen. Vor Gott bist du dein eigenes Maß.
4. Halte das Mühsame aus, Anstrengung und Entbehrung! Im einfachen Essen, in der schlichten Unterkunft kann sich Wesentliches zeigen.
5. Staune über das Unverdiente! Pilgern ist keine rundum organisierte Reisetour, sondern lädt ein, sich auf das Überraschende einzulassen.

das präsent der gegenwart

zeitreisend in die zukunft
ist leben nur erträumt
es ist noch nicht da
du vergreifst dich schon an ihm

zeitverschiebend ins gestrige
nostalgisch eingerichtet
das vergangene ist längst passé
und du sitzt noch darin fest

zeitgleich mit der gegenwart
wird dir das leben präsent
schenkt sich dir augenblicklich
von nun auf jetzt

6. Das Kreuz von San Damiano

Zum Innehalten

Nachdem die Träume vom Rittertum wie Seifenblasen geplatzt sind, treibt es Franziskus unruhig durch die Gassen seiner Stadt und übers Land. Eines Tages betritt er das halb verfallene Kirchlein von San Damiano. Er betet vor dem Kruzifix und lässt sich von ihm ansprechen. Der Auftrag, die Kirchenruine wieder aufzubauen, liegt auf der Hand: „Franziskus, stell mein Haus wieder für mich her!"

Doch das Kreuzbild von San Damiano eröffnet ihm noch mehr: Christus schaut den Betrachtenden mit offenen Augen an. Der Gekreuzigte hängt nicht gekrümmt am Kreuzesbalken, sondern steht aufrecht. Über ihm ist bereits die Himmelfahrt dargestellt. Daher ist dieses Kreuz kein „Totenbild", sondern verkündet: Der Auferstandene hat Leiden und Tod überwunden.

Unter dem Kreuz finden sich auf einer Seite Maria und Johannes und auf der anderen Maria Magdalena, Maria, die Mutter des Jakobus, und der Hauptmann. Zwei kleinere Figuren stellen die beiden Soldaten dar, die Jesus den Schwamm mit Essig gereicht bzw. ihm mit der Lanze in die Seite gestoßen haben. Was man heute kaum noch erkennen kann: Unterhalb der Füße des Gekreuzigten stehen einige Personen, wahrscheinlich Heilige. Auf alle tropft das Blut Christi: auf die Engel unter seinen Armen; auf die Personen, die sich unter dem Kreuz, und auf jene, die sich unterhalb der Füße Jesu befinden.

Diese Darstellung bringt eine zentrale Botschaft des Evangeliums ins Bild. Denn Blut ist ein Zeichen des Lebens. Jesus

Christus hat durch sein Blut, das heißt durch die Hingabe seines Lebens, die ganze Schöpfung erlöst: die Kirche, Engel, Heilige. An der Spitze des Kreuzes kann man in einem Halbmedaillon die segnende Hand Gottes erkennen. Gott spricht sein segnendes, gutes Wort über Jesus und sein Sterben und Auferstehen. Durch Gottes Güte wird das Leiden verwandelt. Wunden werden wieder heil und alles wird gut.

Franziskus lässt sich von diesem Bild tief anrühren. Beim Blick auf den Gekreuzigten erfährt er eine Liebe, die ihn ganz und gar annimmt. Seine frühere Lebensweise, in der er nach Geld, Genuss und ritterlicher Ehre gejagt hat, kommt ihm jetzt als „sündig" vor. Doch Jesus hat ihn durch seine Liebe, die bis zum Kreuz ging, erlöst. Erlösung geschieht durch Lösen und Loslassen. Jesus hat sich selbst losgelassen und sein Blut und Leben für die Freunde gegeben. In solch großherziger Hingabe und Liebe findet das Leben seine Erfüllung.

Im Lauf seines Lebens wächst Franz immer tiefer in diese Grundüberzeugung hinein: Ich bin mit meinen Schwächen und Grenzen von Gott grenzenlos geliebt. In Jesus Christus hat sich Gott zu seiner Schöpfung herabgeneigt. Er hat an nichts festgehalten, sondern sich erniedrigen lassen bis ans Kreuz (vgl. Phil 2,8). Franziskus lässt sich auf diese Dynamik der Erlösung ein: In der ihm eigenen Großherzigkeit löst er sich von allem Besitz und falscher Sicherheit, um aus Vertrauen und Liebe zu leben. Er will „sich nackt in die Arme des Gekreuzigten werfen", wie dies Bonaventura, der große Franziskanertheologe (1221–1274), ausgedrückt hat.

Sinne und Sinn spüren

Vielleicht finde ich in einer Kirche ein Kreuz, das mich „anspricht". Welche Gefühle löst das Bild des Gekreuzigten bei mir aus?

Die Betrachtung des Kreuzes kann auf Dimensionen aufmerksam machen, die vielfach verdrängt werden:

* Jedes Leben ist bedroht, vergänglich, dem Tod geweiht.
* Zur Wirklichkeit unserer Welt gehört das Leiden, das eigene und das fremde.
* Unter dem Kreuzbild von San Damiano stehen Maria und Johannes sowie andere Frauen. Als es zum Davonlaufen war, sind sie bei Jesus geblieben. Spüre ich eine Einladung, (einem) Leidenden solidarisch beizustehen?
* Liegt im Betrachten des Kreuzes auch ein „konstruktiver" Auftrag, vom Verfall Bedrohtes wieder aufzubauen? Etwa in der Kirche konstruktiv mitzuarbeiten (beim Aufbau einer Gruppe in der Pfarrgemeinde, bei einem Projekt für die Kirche in einem anderen Kontinent ...)
* Ignatius von Loyola empfiehlt das „Zwiegespräch mit dem Gekreuzigten": Vielleicht lädt der Blick auf Jesus Christus am Kreuz dazu ein, vor einer solchen Liebe zu staunen. Oder Christus meine eigenen Wunden hinzuhalten.

Nachsinnen

Franziskus fordert seine Brüder auf, die Kirchen zu besuchen, die sie auf ihren Wegen antreffen, und dort vor dem Kreuz ein Gebet zu sprechen:

Wir beten dich an und danken dir, Herr Jesus Christus,
in all deinen Kirchen auf der ganzen Welt,
denn durch dein heiliges Kreuz hast du die Welt erlöst.
(nach Franz von Assisi, Testament)

das Kreuz von San Damiano

wenn deine Haut
mit allen Zitternden vibriert
und der Schmerz des andern
dein Inneres aufpflügt

wenn ein gequäler Blick
dir einen Stich versetzt
und du zu weinen beginnst
mit der seufzenden Kreatur

wenn Einfühlsamkeit
dich mit andern leiden macht
und der Angstschrei des Vogels dich rührt
und das Weinen eines Kindes

wenn jedes Kreuz
dein Mitleid weckt
und zu dir spricht
wie der Gekreuzigte selbst

7. Begegnung mit dem Aussätzigen: der Umgang mit dem Fremden

Zum Innehalten

Franziskus hält am Ende seines Lebens in seinem Testament fest, dass die Begegnung mit den Aussätzigen für ihn zum entscheidenden Wendepunkt geworden sei. Während er sich vorher vor Leprakranken geekelt hat, habe ihn das Zusammensein mit ihnen völlig verändert.
Wie kommt es zu dieser inneren Verwandlung? Franziskus begegnet bei Rivotorto einem Leprakranken. Der Anblick solcher Menschen mit ihren abgefallenen Gliedmaßen und blutenden oder eitrigen Wunden wirkt abstoßend. Gewöhnlich macht man einen Bogen um solche Menschen, die ja aufgrund der Ansteckungsgefahr an gesonderten Orten leben müssen.
Franziskus gibt sich einen inneren Ruck. Er folgt nicht dem gewöhnlichen Impuls, Lepröse zu meiden, sondern tut das Gegenteil: Er steigt vom Pferd, schenkt dem Kranken ein Geldstück und küsst ihm die Hände. Der Aussätzige gibt Franz nun umgekehrt den Friedenskuss. Franziskus steigt wieder auf sein Pferd und setzt seinen Weg fort *(nach der Dreigefährtenlegende)*.
Diese Begegnung hat das Leben von Franziskus aus den Angeln gehoben. Gewöhnlich fürchten wir Menschen uns vor einschneidenden Veränderungen. Franziskus überwindet seine Angst und zeigt Mut: Beherzt überwindet er die ge-

wohnten Grenzen und tut, was er sich vorher nicht zugetraut hätte. Er lässt sich anrühren vom Anblick eines notleidenden Menschen. Er spürt ein tiefes Mitgefühl und erkennt im Fremden den Bruder.

Diese Begegnung stellt das bisherige Leben und Weltbild des Franziskus auf den Kopf. Er, der auf der Sonnenseite des Lebens aufgewachsen war, nimmt nun die Schattenseiten der Welt und damit auch seiner eigenen Innenwelt wahr. Das Leben besteht nicht nur aus Partys und Konsum, sondern es gibt auch dunkle Gefühle, Ängste und Traurigkeit. Indem er sich dem Aussätzigen zuwendet, kommt es zu einer inneren Wende: Was ihm vorher bitter war, das ist ihm süß geworden, so beschreibt Franziskus diese Wandlung.

Was man abwehrt, das verbittert einen. Was man dagegen umarmen kann, zeigt sich freundlich. Indem Franziskus vom Aussätzigen den Friedensgruß empfängt, beginnt er auch, mit dem Verdrängten und Ausgegrenzten in sich selbst Frieden zu schließen.

Sinne und Sinn spüren

Der Anblick des Leprösen geht Franziskus unter die Haut. Er fühlt sich gefordert. Der französische Philosoph Emanuel Levinas sieht in solchen Situationen das ethische Schlüsselerlebnis: Wenn uns nämlich im Gesicht des anderen Menschen die stumme Aufforderung entgegenkommt: „Lass mich in meinem Elend nicht im Stich!“
Franziskus deutet diese Begebenheit später – gemäß dem Evangelium – als eine Christusbegegnung (Mt 25,36: „Ich war krank – und ihr habt mich besucht“). Bei der Berührung durch den Aussätzigen wird vom „Friedenskuss“, von einem Ritus aus der Eucharistiefeier also, berichtet: Im Aussätzigen erfährt Franziskus die gleiche Gegenwart Christi wie in der Eucharistie.

Neben der Kirche von Rivotorto findet sich eine Skulptur, die Franziskus mit dem Aussätzigen darstellt. Dies kann zum Nachdenken anregen:

* Kenne ich Situationen, in denen ich selbst wie ein Aussätziger behandelt wurde: Man machte einen Bogen um mich, wollte mit mir nichts zu tun haben, grenzte mich aus …?
* Manchmal haben wir Angst vor bestimmten Begegnungen: ein unangenehmes Gespräch, eine Kritik … Wir schieben so etwas gerne vor uns her. Wenn wir uns mutig dem Geforderten stellen, kann sich eine innere Grenze ausweiten.
* Auch in mir leben dunkle und ausgegrenzte Erfahrungen

und beängstigende Gefühle. Vielleicht kann ich mich ihnen zuwenden, sie umarmen und küssen, d.h. mit dem „seelischen Aussatz", dem Abstoßenden und Ungeliebten in mir in Berührung kommen. Und im Annehmen Frieden finden.

Nachsinnen

Der Schriftsteller Arthur Miller beschreibt, wie er in einem Traum vor seinem eigenen Leben wie vor einer erschreckenden Gestalt davonlief. Der Gnom jedoch verfolgte ihn und krallte sich von hinten an seine Kleider. Da dachte er: Wenn ich ihn küsse, kann ich vielleicht schlafen. „Und ich beugte meinen Kopf über das entstellte Gesicht – es war grauenhaft ..., aber ich küsste es.“[4]

der aussätzige

geh nicht vorüber am flehenden bettler
übersieh nicht den befremdenden blick
er will dir etwas zeigen

geh nicht vorüber
an deiner eigenen fremdheit
überhör nicht den hilferuf in dir
er will dir etwas sagen

geh nicht vorüber
am dunklen zwillingsbruder
flieh nicht deinen schatten
er will dir etwas geben

du bist nicht der starke held
in dir wohnen schamversteckt
enttäuschte liebe
gekränkte geschichte
hässlicher aussatz

und blicken dich an
wie aus weinenden bildern
raunen dir zu im weltschmerz des abends
klopfen leise an türen des traumes

steig herab vom stolzen pferd
umarme das verletzte kind
und küsse alles bittere mit zärtlichen lippen
und es wird dir geheimnisvoll
zur süße werden

8. Mit leichtem Gepäck

Zum Innehalten

Franziskus muss schmerzlich erleben, wie der Hunger nach Besitz die Seele eines Menschen auffressen kann. Sein Vater Pietro Bernardone hängt an seinem Besitz, und die Haltung des Habens hat sich wohl auch in seine Beziehungen eingeschlichen. Vielleicht betrachtet er sogar seinen Sohn als einen Besitz, der ihm gehört und Gehorsam schuldet: Franziskus hat ihm als Geschäftsinhaber zu folgen und das Erbe weiterzuführen. Als Franziskus aus dem Korsett der väterlichen Erwartungen ausbricht, kommt es unvermeidlich zur Krise.
Franziskus zieht sich nackt aus und zeigt damit allen, dass er sich nicht mehr durch Äußerlichkeiten definieren möchte. Die Hüllen und Masken fallen. Seine Geltung will er nicht mehr durch Geld erlangen. Indem er Gott seinen Vater nennt, begibt er sich auf einen Weg, seinen Wert von Gott her zu empfangen.
Franziskus entscheidet sich nicht für ein Leben ohne Besitz, weil er das Materielle, die Gaben der Schöpfung prinzipiell verneint. Vielmehr will er sich aus den Zwängen einer gutbürgerlichen Existenz befreien. Der einfache und bedürfnislose Lebensstil von Franz atmet daher eine Leichtigkeit und Fröhlichkeit. Wie bei „Hans im Glück" nimmt seine Heiterkeit zu, je mehr er sich von seiner Habe trennt. Ja, er erlebt die Armut sogar als einen großen Schatz, wie folgende Geschichte erzählt:

Franz war mit einem Bruder unterwegs zum Betteln. Doch sie erhielten nur ein wenig Brot. Die beiden zogen weiter bis zu einer Quelle, um unter freiem Himmel ihre erbettelten Brotkrumen zu essen. Der Bruder klagte über das karge Mahl. Franziskus versuchte ihm die Augen zu öffnen: Er bezeichnete die Armut als einen großen Schatz und nannte es einen Luxus, „an einem schönen großen Stein zu essen, neben einer frischen Quelle unter dem blauen Himmel, während die armen Reichen nur einen Speisesaal mit sehr reduzierten Ausmaßen hätten" *(Ernesto Cardenal)*.
Armut macht frei, auch von Sorgen und Ängsten. Einmal versuchte der Bischof von Assisi Franz davon zu überzeugen, dass dessen selbstgewählte Armut zu radikal und zu hart sei. Da wies Franz darauf hin, dass der Besitz zur Ursache von Krieg und Streit werden kann: „Wenn wir irgendwelches Eigentum besitzen würden, so müssten wir unbedingt zu unserem Schutz auch Waffen haben. Daraus entstehen aber Streitigkeiten und Zank, und dies behindert oder zerstört die Liebe Gottes und des Nächsten."
Konkret entscheidet sich Franziskus nach der Gerichtsszene auf dem Marktplatz, wie ein Eremit zu leben. Später hört er das Evangelium von der Aussendung der Jünger und trägt von da an nur noch eine Kutte aus grobem, geflicktem Stoff und einen Strick um die Hüften. So zieht er los und illustriert damit seine Predigt des Evangeliums: Diese Welt ist eine gute Schöpfung Gottes, die allen gehört. Wer allerdings Güter dieser Welt an sich reißt, beraubt damit die anderen. Durch seine einfache Lebensweise will Franziskus mit den Armen und Ausgebeuteten solidarisch sein.

Sinne und Sinn spüren

Ich nehme mir Zeit, um mein Gepäck durchzuschauen: Was habe ich alles mitgenommen? Was davon ist wirklich lebensnotwendig? Worauf könnte ich noch verzichten? Wer nur weniges mit sich herumschleppt, fühlt sich erleichtert. Vielleicht spüre ich eine Freude, dass ich mit so wenigem zufrieden sein kann.

Ich nehme heute besonders den Unterschied wahr zwischen meinem Alltag daheim und dem, was ich beim Pilgern erlebe:

- Wie sehen meine Mahlzeiten daheim aus? Wie schmeckt es mir zuhause – und wie schmeckt hier die einfache Brotzeit unter freiem Himmel?
- Womit ist meine Wohnung daheim vollgestopft und wie fühlt sich eine solche „Verstopfung" an? Was erscheint mir vom Blickpunkt des Pilgerns aus überflüssig? Will ich mich vielleicht von manchem trennen, wenn ich wieder daheim bin?
- Welche Gedanken und Sorgen schleppe ich noch mit mir herum? Was ist für mich untragbar oder unerträglich? Welche Belastungen kann ich zurücklassen, um erleichtert weiterzuziehen?

Nachsinnen

Adam im Paradies war nackt. Also ist die Armut der eigentliche paradiesische Zustand. Armut ist auch Wahrheit, während Reichtum alle Arten von Verkleidung sein kann. Wir kleiden uns mit Äußerlichkeiten, um die Nacktheit unserer Seele zu vertuschen.
Die Falschheit des Reichtums besteht darin, dass wir das, was wir *haben*, mit dem verwechseln, was wir *sind*. Wir denken, wir seien mehr, wenn wir mehr haben. Wir kaufen einen schicken Wagen und denken, dieser Wagen sei nun ein Teil unserer selbst, wie ein weiteres Glied unseres Körpers. Darum sagte der heilige Augustinus, sich vom Reichtum zu trennen sei so schwer, wie sich von einem Glied seines Körpers zu trennen. Wenn die anderen unseren Wagen bewundern, fühlen wir uns, als ob sie uns selbst bewunderten.
Der Reiche denkt, das, was er besitzt, sei er selbst. Er prahlt damit, um bewundert zu werden, als ob der Besitz er selbst sei. Und so schätzt man ihn um dessentwillen, was er *hat*, und nicht um dessentwillen, was er *ist (nach Ernesto Cardenal)*.[5]

Aus der Regel der Gemeinschaft „Brakkenstein" (1986)[6]
Die Freiheit des Menschen ist mehr denn je bedroht.
Widersetze dich allem, was den Menschen unterdrückt.
Mache dich frei von einer Welt, die nur Befriedigung und Besitz sucht. Widersetze dich allem, was Menschen zu Sklaven macht, politisch, ökonomisch, sozial. Du hast nichts zu verlieren.

Du bist bereit, alles, was du hast, in den Dienst anderer zu stellen.
Du suchst Armut nicht um ihretwillen noch aus Verachtung oder Furcht vor den guten Dingen, sondern weil du etwas beitragen willst, um die Armut der Welt zu beheben, und sogar deinen Besitz zur Verfügung stellen willst.
Erinnere dich an die Worte von Paulus: „Jesus, der reich war, wurde um euretwillen arm, so dass ihr durch seine Armut reich würdet."
Die Gemeinschaft ist der Ort, an dem du täglich Reichtum und Armut teilst, Stärke und Schwäche, Freude und Sorgen, Erfolg und Misserfolg. In einer solchen Gemeinschaft kann etwas von der Einheit wachsen, wie sie zwischen Jesus und seinem Vater besteht: „Was ich habe, gehört dir; was dir ist, gehört mir." Sei in all dem nicht romantisch: Nimm teil am täglichen Einsatz für den Lebensunterhalt, jedoch ohne dein Herz an ihn zu hängen.
Meine nicht, Armut bestehe nur in großen Dingen. Sei frei von jedem Konkurrenzdenken und von Neid. Meine aber auch nicht, Armut bestehe nur in kleinen Dingen. Teile mit der ganzen Welt.
Ein überlegtes und wirksames Bemühen im Kampf gegen die Ursachen der Armut ist besser als Almosen.
Denke auch daran, wie viel dir selber fehlt; deine eigene Armut sei dir bewusst.
Wage es, deine Hände auszustrecken und von anderen zu empfangen und von ihnen zu lernen.

Werdet Vorübergehende

Schnitz dir einen Wanderstab
aber zimmere dir keine Dachbalken

Wozu eine Vorratstasche
Liebe empfängt man nicht aus Konserven
Hoffe auf frisches Brot unterwegs

Du darfst Sandalen tragen
aber lerne auch barfuß zu gehen

Zu viel Geld dabei beunruhigt
Sonne und Regen gibt es gratis

Nimm ein zweites Hemd mit
für das Fest
und für das Grab

9. Mit der Armut verlobt

Zum Innehalten

Zunächst trennt sich Franziskus von allem Besitz, um sich von seinem Vater und bestimmten Mustern und Rollen zu lösen. Er entdeckt, dass Minimierung von Besitz zur Maximierung von Freiheit führen kann. Mit der Zeit geht ihm noch eine andere spirituelle Tiefe der Armut auf. In der Kirche von San Damiano schaut er auf den am Kreuz entblößten Christus. Er verinnerlicht dieses Bild immer mehr, wie eine frühe Schilderung dieser Szene überliefert: „Er fühlte Christus, den Gekreuzigten, der zu ihm gesprochen, wahrhaft in seinem Herzen" *(nach der Dreigefährtenlegende).*
Im Evangelium begegnet er Jesus, in dem sich Gott arm und ohnmächtig zeigt. Jesus wurde in einem Stall geboren und seine Familie musste ins Asyl nach Ägypten fliehen. Er nannte kein Haus und nicht einmal ein Bett sein Eigen. Er wurde vor aller Augen ausgezogen und ans Kreuz geschlagen. Und in einem fremden Grab beigesetzt.
Franziskus identifiziert sich immer mehr mit Jesus Christus, dessen Weg er nachgehen und dessen Leben er nachahmen will: Nackt will er dem nackten Christus folgen. Die Armut wird zur Form, durch die er Jesus ähnlich werden kann. Und darum nimmt Franziskus die Armut nicht auf sich wie eine Belastung, sondern er verlobt sich der Armut wie einer Braut. (In der Unterkirche von San Francesco findet sich ein Fresko, auf dem diese Vermählung dargestellt ist.) Das Ar-

muts-Gelübde versteht er als Gelöbnis einer Liebesbeziehung. So gestaltet sich für Franz die Armut als eine Form verschwenderischer Liebe zu Jesus, welche die Liebe zu den Armen einschließt und noch übersteigt.
Auch Klara macht immer wieder deutlich, dass es nicht nur um eine materielle Armut geht, sondern um eine innere Freiheit, um eine Schlichtheit und Reinheit des Herzens. Wer sich innerlich freiräumt, hängt und klebt nicht mehr an allem Möglichen. Man entleert sich von allem, was nicht Gott ist. So kann Gott im Menschen Raum finden und zum Reichtum werden, der allein die Sehnsucht des Menschen erfüllt.

Sinne und Sinn spüren

Wer wie Jesus daran glaubt, dass Gott es gut mit ihm meint und für ihn sorgen wird, erliegt nicht der Versuchung, sein Leben durch Besitz oder Macht abzusichern. Eindrücklich warnt Jesus vor falschem Prestigedenken und dem Festhalten und Horten von nichtigen Reichtümern:
„Sammelt euch nicht Schätze hier auf der Erde, wo Motte und Wurm sie zerstören und wo Diebe einbrechen und sie stehlen … Sorgt euch nicht um euer Leben, was ihr essen oder trinken sollt, noch um euren Leib, was ihr anziehen sollt! Ist nicht das Leben mehr als die Nahrung und der Leib mehr als die Kleidung? Seht euch die Vögel des Himmels an: Sie säen nicht, sie ernten nicht und sammeln keine Vorräte in Scheunen; euer himmlischer Vater ernährt sie. Seid ihr nicht viel mehr wert als sie? Wer von euch kann mit all

seiner Sorge sein Leben auch nur um eine kleine Spanne verlängern?“ (Mt 6,19.25–27).

Jesu Botschaft vom Reich Gottes, dass also Gott selbst der einzig erfüllende Reichtum des Menschen ist, schenkt Gelassenheit. Der Mensch darf im Heute leben, weil Gott für das Morgen sorgen wird. Er kann das Hier und Jetzt als Geschenk annehmen, ohne es in Besitz zu nehmen. Denn Gottes Liebe fließt unaufhörlich und erneuert sich wie der Wasserstrahl eines Brunnens, der aus der Tiefe gespeist wird.

Nachsinnen

Reichtum ist auch Täuschung. Die Leute, die sich einbilden, ein Stückchen Erde dieses Planeten durch irgendeine Urkunde besitzen zu können, sind genauso verrückt wie eine gewisse Sorte Amerikaner, die schon heute Grundstücke auf dem Mond erwerben, die ihnen irgendeine geschäftstüchtige Agentur verkauft. Einen Wald oder eine Wiese besitzen die Vögel und die Tiere, die sich daran erfreuen, und auch das Liebespaar, das darin spazieren geht, aber auf keinen Fall jener, der nur eine Besitzurkunde darüber hat. Damit hat er nämlich nichts anderes als einige Seiten Papier mit ein paar bürokratischen Spitzfindigkeiten.

Wir alle besitzen die ganze Natur, den Sternenhimmel und die Erde mitsamt allen ihren Landschaften. Sobald wir aber unser Besitzergefühl auf ein paar Hektar Land beschränken, gehört uns von alledem nichts mehr. Nur wenn wir arm sind, können wir die Welt unser Eigen nennen, wie die Vögel den Himmel ihr Eigen nennen und der heilige Franz von Assisi alle irdischen Dinge. Wer aber ein Stück Land kauft und es einzäunt, nimmt sich selbst die ganze übrige Natur, besitzt nichts mehr von allem anderen. Christliche Armut heißt also nicht wenig besitzen, sondern überhaupt nichts besitzen, um alles sein Eigen nennen zu können. Der Mönch beschränkt sich nicht auf den legalen Besitz einiger weniger Dinge; ihm gehören Luft und Sonne, Erde, Himmel und Meer.

Nur ohne Gier, nur losgelöst von allem, können wir alles besitzen.

Gott ist der Herr der ganzen Welt, und wir als seine Kinder sind auch Eigentümer des Reichtums der ganzen Welt. Wir sind von unermesslichem Reichtum umgeben und brauchen nur die Hand auszustrecken, um von allem zu nehmen. Eine Handvoll Wasser, das mir über die Finger rinnt, ist nicht weniger wertvoll als eine Handvoll Diamanten *(nach Ernesto Cardenal)*.[7]

Aus der Lebensregel der „Kleinen Brüder vom Evangelium"
Christus schenkt uns einen Schatz, der unsere Herzen erfüllt. Er treibt uns, alles zu verlassen und arm in unserer geistigen Haltung wie auch an materiellen Gütern zu werden.
Wir wollen die Armut mit unserem ganzen Herzen umarmen. Reichtümer sind nicht nur ein sperriges Gepäck, sondern eine Gefahr. Sie sind nämlich nicht mit der Liebe zum Nächsten vereinbar, denn das, was man für sich behält, teilt man nicht mit anderen.
Wir wollen von Herzen arm werden, frei werden gegenüber jedem Wunsch nach Besitz, Geld und anderen materiellen Gütern. Wir teilen die Arbeitsbedingungen der Armen. Dies trägt dazu bei, dass wir uns ihre Sehnsüchte und gerechten Ansprüche zu Eigen machen.
Die Armut im Sinne von Elend und Not ist etwas Schlechtes und widerspricht Gottes Willen. Darum protestieren wir gegen die Ungerechtigkeit bei der Verteilung der Güter und setzen uns für die Notwendigkeit des Teilens ein.
Wir verzichten auf eigenen Besitz. Alles, was dem Einzelnen zukommt, gehört der Gemeinschaft. Doch auch die Gemeinschaft als Ganzes muss arm leben. Wir achten darauf,

nicht mehr anzusammeln als das, was notwendig ist. Die verschiedenen örtlichen Gemeinschaften helfen sich gegenseitig, um den Geist der Gerechtigkeit und des Teilens zu verwirklichen – und von diesem Geist wünschen wir, er möge sich auch in der Gesellschaft durchsetzen.

armut

innere leere
bläht das äußere auf
und braucht viele masken

die wahrheit ist nackt
und ohne umhüllungen nur
spürst du die hautnähe gottes

je ausgeleerter die hände
umso empfänglicher
für das unverdiente

niemanden besetzen
damit der andre sich
aus freien stücken geben kann

nichts besitzen
um von nichts mehr
besessen zu sein

nicht alles haben
alles lassen können
macht reich

10. Alles ist gesegnet

Zum Innehalten

Franziskus erfährt am eigenen Leib und Leben, was Erlösung heißt: Es wird ihm geschenkt, sich aus vorgegebenen Denk- und Verhaltensmustern zu lösen, die von Habgier geprägt sind und folglich Konflikte und Krieg provozieren. Doch er verfällt nicht der Versuchung der Katharer, die materielle Welt als böse abzuwerten. Vielmehr geht ihm der Glutkern der biblischen Botschaft auf: Gott hat diese Welt aus Liebe geschaffen und sie durch Jesus Christus aus ihrer Gebrochenheit erlöst. An der Spitze des Kreuzes von San Damiano zeigt sich die segnende Hand Gottes.

Der Glaube an einen guten Gott, dem sich diese Schöpfung verdankt, lässt Franziskus eine tiefe Verbundenheit mit allen Geschöpfen erahnen. Und er kann in den Geschöpfen die Güte und Schönheit des Schöpfers erkennen. Nach biblischer Überzeugung besteht diese Welt, weil Gott mit seinem guten Wort schöpferisch tätig ist. Gott ruft die Welt durch Bejahung ins Dasein. Er schafft durch sein Wort, durch sein Ja-Wort und er segnet seine Welt. Segnen, lateinisch „bene dicere“, meint: gut nennen; sagen, dass es gut ist; gutheißen; gut zureden.

In der Schöpfungserzählung der Bibel (Gen 1,1–2,3) heißt es: „Gott sah, dass es gut war.“ Das Wort für „gut“ bedeutet im Hebräischen zugleich „schön“. Die Bibel bezeugt den guten Ursprung der Welt: Sie ist gut und schön geschaffen.

Doch die ursprüngliche Güte der Welt ist gebrochen, auch durch das Nein des Menschen. Darum hat Gott sein ursprüngliches Ja in Jesus von Nazaret sichtbar, hörbar und greifbar zum Ausdruck gebracht. Jesus hat gerade den Menschen, die von anderen abgestempelt und ausgegrenzt waren, neues Ansehen geschenkt, indem er sie angesehen hat. Mit einem wertschätzenden Blick. Die Steuerbeamten, die Prostituierten, die Ausländerin, die Aussätzigen. Gottes „Ja" ist in Jesus Christus wirklich geworden, so fasst Paulus im 2. Korintherbrief zusammen: „Jesus Christus ist das Ja Gottes" (vgl. 2 Kor 1,19f.).

Die Welt und jeder Mensch verdanken sich dem umfassenden Ja Gottes, das durch Jesus Christus geschenkt wird. So gilt auch für mich: Ich bin von Gott bejaht und angenommen, wie ich bin. Dieses Ja Gottes geht über alles hinaus, was Menschen an mir bejahen können. Denn es umfasst auch das Verborgene und Widersprüchliche, das ich selbst nie ganz greifen kann. Eine solche von Gott geschenkte Zusage kann mir auch durch Misserfolg, durch Scheitern, durch Brüche in meinem Leben nicht mehr genommen werden: Nichts kann uns scheiden von der Liebe Gottes, keine Mächte und nicht einmal der Tod (vgl. Röm 8,38f.). Ich muss nicht mehr gnadenlos leben und mich von Angst getrieben selbst durchsetzen. Sondern ich kann als von Gott bejahter Mensch andere bejahen. Ich muss mich nicht mit Ellbogen gegen andere durchboxen. Ich muss andere nicht klein machen, um selbst groß herauszukommen. Ich muss nicht andere ausgrenzen, um selbst jemand zu sein. Das Beispiel Jesu lehrt das Gegenteil: Dort, wo ich mich für andere loslasse und für sie einsetze, dort wächst die neue Welt Gottes, in der alle Menschen als Töchter und Söhne Gottes leben können. In diese umfassende Bejahung sind alle Geschöpfe eingeschlossen. Der Mensch steht nicht über der Schöpfung, sondern ist mit allen Kreaturen durch ein vielfältiges Beziehungsnetz verwoben. Daher kann Franziskus die Geschöpfe in seinem „Sonnengesang" als Schwestern und Brüder besingen. Und sich für die Ehrfurcht vor der Schöpfung einsetzen. Aus diesem Grund wird Franziskus auch als Patron des Umweltschutzes verehrt.

Sinne und Sinn spüren

Auch heute kennen wir Ideologien, die diese Welt nicht als in sich wertvoll und schützenswert respektieren. Eine neoliberale Wirtschaft jagt einem ständig gesteigerten Konsum nach – ohne Rücksicht auf die Ausbeutung und Zerstörung der Natur. Täglich werden viele Pflanzen- und Tierarten für immer ausgelöscht. Massentierhaltung respektiert das Tier nicht als Mitgeschöpf. Und Menschen können sich oft selbst nicht annehmen, weil ihr Aussehen nicht bestimmten Modevorstellungen entspricht.

Franziskus hat im Sonnengesang die drei Geschöpfe am Himmel (Sonne, Mond und Sterne) und die vier Elemente von Luft, Wasser, Feuer und Erde als Geschwister besungen. Dieses Gedicht ist im Winter 1224/25 in San Damiano entstanden, als Franziskus von Krankheit und Depression gequält wurde.

Ich kann die universale Verbundenheit mit der ganzen Schöpfung zu spüren versuchen, indem ich meinen persönlichen Sonnengesang schreibe. Dabei kann ich versuchen, neben dem Wunderbaren und Schönen auch Schwieriges als meinen Bruder, meine Schwester zu bezeichnen – im Vertrauen, dass Gott in allem gefunden und geehrt werden kann.

Gelobt seist du, o Herr, durch Bruder/Schwester
…
…
…
…
…
…

* Kann ich *alles* „segnen“: es gut nennen, es gut sein lassen, es der Barmherzigkeit Gottes anvertrauen? Was kann ich (noch) nicht segnen?
* Jemanden segnen heißt: in ihm/ihr das Gute sehen.
* Mich segnen lassen heißt: mich in das warme Licht Gottes stellen.

Ich kann dies mit dem klassischen christlichen Segenszeichen tun: mit dem Kreuzzeichen.
Ich kann meine Stirn (meine Gedanken) segnen lassen, meine Brust/meinen Bauch (Herz, Gefühl), meine Schultern (meine Kraft; meine Beziehungen nach links und rechts).
Man kann beim Kreuzzeichen auch spüren: Gott über mir, Gott in mir, Gott neben mir.

Nachsinnen

Franziskus und Klara haben gerne Segensgebete gesprochen. Berühmt ist die Szene, in der Klara in Anwesenheit des Papstes über das Brot den Tischsegen sprach. Franziskus segnete das Brot, das bei seinem Sterben an die Brüder ausgeteilt wurde.
Franziskus hat eine besondere Form des Kreuzzeichens geschätzt und damit auch Briefe unterschrieben: Das Buch Ezechiel spricht vom Taw (dem letzten Buchstaben des hebräischen Alphabets) als einem Siegelzeichen, das den Menschen auf die Stirn geschrieben wird und sie schützen soll (Ez 9,4; vgl. auch Apk 7,2). Dieser hebräische Buchstabe ähnelt dem griechischen Tau. Gemäß der christlichen Tradition gilt das Kreuz als Zeichen der Erlösten. So wurde das Tau-Kreuz als das in der Bibel angedeutete Zeichen der Erlösung gedeutet. Vielleicht spielte bei der Vorliebe für diese Kreuzesform bei Franziskus auch der Umstand eine Rolle, dass die Kutte mit den Ärmeln einem Tau-Kreuz ähnelt.

Segensgebet des Franziskus[8]

Werdet im Himmel erfüllt mit dem Segen des allerhöchsten Vaters.
Werdet auf Erden erfüllt mit dem Segen seines geliebten Sohnes
in Gemeinschaft mit dem Heiligsten Geiste, dem Tröster,
und mit allen Kräften des Himmels und der Erde.
Und ich bestätige euch, soviel ich nur kann,
innen und außen diesen heiligsten Segen.

11. Der große Gott macht sich klein (Greccio)

Zum Innehalten

Franziskus lässt sich faszinieren von der Abwärtsbewegung Gottes: Der unbegreifliche Gott will sich den Menschen begreiflich machen. Er wird Mensch, um uns auf menschliche Weise anzusprechen. In Jesus von Nazaret zeigt Gott uns sein Gesicht: dass er nämlich ein liebender und barmherziger Gott ist.
Gott wählt die Armut, um mit den Armen eine Freundschaft zu schließen, die nicht herablassend und entwürdigend daherkommt. Der große Gott macht sich klein, um den kleinen Leuten seine Nähe zu zeigen. Er wird berührbar in einem Kind und rührt somit an das Weiche und Zärtliche im Menschen: Vor einem Kind muss man keine Angst haben. Ein Kind entlockt uns ein Lächeln. Ein Kind will umarmt und geliebt werden.
Franziskus hat diese Botschaft vom „heruntergekommenen Gott“ *(Bischof Franz Kamphaus)* verinnerlicht und will sie nun nach außen tragen. Doch nicht mit gelehrten Worten, sondern dem Inhalt der Botschaft entsprechend: in großer Schlichtheit und Anschaulichkeit. Gerade die kleinen Leute, die ungebildeten Bauern und Hirten sollen hören und sehen, dass Gott sich auf ihre Seite geschlagen hat.
Franziskus liebt den Gesang und das Spiel. Und so will er die Botschaft von Betlehem in Szene setzen: Es ist Weihnachten

im Jahr 1223. Franziskus hält sich im Rieti-Tal auf und veranlasst, dass unweit des Dörfchens Greccio eine Felsgrotte für eine Darstellung der Weihnachtserzählung vorbereitet wird. So schafft man eine Krippe mit Heu sowie Ochs und Esel herbei, um die Geburt Jesu möglichst naturgetreu nachzuspielen. In der Weihnachtsnacht strömen die Menschen der Umgebung mit Kerzen und Fackeln herbei, um Licht in die Nacht zu bringen, in der das Licht der Welt geboren wurde. Greccio wird zum neuen Betlehem. Der Wald hallt vom Gesang der Lieder wider. Franziskus lässt sich vom Anblick der Krippe tief berühren. Er singt als Diakon bei der Weihnachtsmesse, die ein Priester oberhalb der Krippe feiert, das Evangelium. Dann predigt er dem umstehenden Volk von „der Geburt des armen Königs“. Und was diese szenische Darstellung des Krippenspiels erreichen will, erfüllt sich: „Jesus war in vielen Herzen vergessen. Durch Franziskus wurde Jesus in den Menschen wieder präsent und sein Bild ihnen neu eingeprägt.“
(Frei wiedergegeben nach Thomas von Celano, Leben des heiligen Franziskus, aus dem Jahr 1228)

Franziskus entdeckt auch in der Feier der Eucharistie diese Abwärtsbewegung Gottes auf den Menschen zu. Denn Christus wird in einem kleinen Stück Brot sichtbar und berührbar. Der Mensch muss sich daher nicht durch Leistung zu Gott hocharbeiten. Sondern Gott kommt uns entgegen: Seine liebende Hingabe wird in einem Stück gebrochenen und geteilten Brotes erfahrbar.

Immer wieder staunt Franziskus vor dieser Demut Gottes: Der große Gott macht sich klein als Kind in der Krippe, als Sterbender am Kreuz, als Brot des Lebens in der Eucharistie.

Sinne und Sinn spüren

Mit der „lebenden Krippe“, die Franziskus in Greccio inszenieren ließ, war auch das Krippenspiel geboren, das sich an Weihnachten bis heute großer Beliebtheit erfreut. In dieser Linie wurde später die „Krippe“ erfunden, der Brauch, die Geburt Jesu in Betlehem figürlich darzustellen und Kirchen oder Wohnzimmer damit zu schmücken.
Franziskus war es ein Anliegen, dass die Menschen seiner Zeit sehen, hören, tasten, spüren können, wie nah ihnen Gott kommen will. Sie sollen sich von dieser Nähe anrühren und beglücken lassen.

In Greccio kann man verschiedenste Krippendarstellungen anschauen. Welche spricht mich besonders an? Die Liebe zum Detail kann mir zeigen, dass Gott mir in den kleinsten und unscheinbarsten Dingen des Alltags begegnen will.
Ich kann mich vor die große Krippe in der Kirche von Greccio setzen und nur schauen.

* Wo ist mein Platz in dieser Krippe? Mit welcher Figur kann ich mich am ehesten identifizieren? Wie nah oder fern möchte ich Jesus sein?
* Welche Erinnerungen und Wünsche steigen auf, wenn ich an Weihnachten denke?

* Betlehem steht auch für Armut und Einfachheit. Kenne ich die Sehnsucht nach einem einfachen Herzen, das sich kindlich anrühren lässt von einer menschlichen Begegnung, einer Überraschung, einem schönen Erleben in der Natur?

Nachsinnen

wer so klein sein kann

der gernegroß hat abgedankt
du strebst jetzt nicht mehr hoch hinaus
und es genügt dir nun
dass du ein kleinod gottes bist

du fühlst dich anderen nicht überlegen
erhebst dich nicht mehr über sie
vom boden her berührst du ihre wurzeln
denn wer ganz unten ist der spürt den grund

so wird dein kleinsein nun zur größe
denn kinderhände sind es doch
die selbst im winzigsten
den unfassbaren noch berühren

und weil du dir für nichts zu schade bist
kann selbst das unscheinbare für dich leuchten
und wirst du aller lebewesen
kleiner bruder

12. Der Wolf von Gubbio: keine Angst vor dem Bedrohlichen

Zum Innehalten

Die Stiftung von Versöhnung und Eintracht war Franziskus ein Herzensanliegen. Zum einen musste er ja am eigenen Leib erleben, wohin Habgier und das Streben nach Macht führen können: Auf seine Kindheit und Jugend fielen die Schatten der Konflikte zwischen dem Kaiser und dem Papst. Nach der blutigen Schlacht gegen Perugia kam Franziskus in Kriegsgefangenschaft. Bei seiner Wallfahrt ins Heilige Land musste er erleben, wie seine Bemühungen um einen Friedensschluss zwischen dem Sultan und den Kreuzfahrern scheiterten. Sicherlich hat Franziskus auch an der Härte seines Vaters gelitten, mit dem er sich nicht mehr aussöhnen konnte.
Viele Geschichten aus dem Leben von Franziskus erzählen von seiner Sorge um Frieden und Versöhnung. So konnte Franz im Streit zwischen Bürgermeister und Bischof seiner Heimatstadt Frieden stiften. Ein ganz besonderer Friedensvertrag gelang nach einer Legende in Gubbio:

In der Umgebung der Stadt Gubbio trieb einst ein gefährlicher Wolf sein Unwesen. Er fiel immer wieder Menschen an, so dass die Bürger sich nur bewaffnet aus der Stadt trauten. Als Franziskus nach Gubbio kam, hatte er Mitleid mit den verängstigten Menschen und beschloss, sich zu dem

Wolf auf den Weg zu machen. Obwohl die Leute ihn warnten, verließ er die Stadt, wie gewohnt barfuß und ohne Waffen. Da stürzte ihm schon der Wolf, von Hunger getrieben, entgegen und fletschte die Zähne. Franziskus indessen segnete den Wolf mit einem Kreuzzeichen und rief: „Komm zu mir, Bruder Wolf!" Der Wolf hielt inne, kam dann langsam näher und legte sich schließlich Franziskus zu Füßen. Der sagte: „Ich will zwischen dir, Bruder Wolf, und den Menschen in Gubbio Frieden stiften. Du wirst niemanden mehr anfallen, und sie werden nicht mehr nach dir jagen. Auch werde ich dafür sorgen, dass die Leute von Gubbio dir regelmäßig zu fressen geben. Denn du fällst die Menschen ja nur an, weil du Hunger hast." Der Wolf ließ sich auf diesen Friedensschluss ein und legte zur Bestätigung seine Tatze in die Hand von Franziskus. Dann trottete er mit ihm in die Stadt. Auch die Bürger von Gubbio waren mit diesem Friedensangebot einverstanden. Zwei Jahre lang lebte der Wolf noch in ihrer Stadt. Er bekam sein Futter und tat keinem etwas zuleide.

Sinne und Sinn spüren

Wir wissen nicht, ob dieser Wolf historisch vielleicht ein besonders gefährlicher Mensch war, der die Umgebung von Gubbio unsicher machte, oder ein wildes Tier. Vielleicht steht er auch für eine dunkle Seite im Menschen, die bedrohlich wirkt. Wie dem auch sei: Franziskus überwindet die allseits herrschende Angst und geht dem Wolf unbewaffnet entgegen. Er sieht in ihm nicht das Böse, sondern segnet ihn mit dem Kreuz: Auch der Wolf gehört zur guten Schöpfung Gottes. Und durch Christus wurde die Spirale von Gewalt und Gegengewalt durchbrochen. Das Kreuz steht für die Liebe Gottes, die sich gewaltlos zeigt und damit einen Neuanfang jenseits der Muster von Angst und Rache ermöglicht.
Franziskus nennt den Wolf seinen „Bruder“: Dieses entwaffnende Schlüsselwort eröffnet eine neue Haltung zu dem bedrohlichen Tier. Franz erkennt in ihm ein Mitgeschöpf, das in seinen Bedürfnissen (Hunger) anerkannt werden will. Und so wird ein Vertrag möglich, der beiden Seiten, dem Wolf und den Bürgern, Rechte zubilligt und ein friedliches Miteinander ermöglicht.

* Frieden wird möglich, wenn ich bereit bin, meine Rüstung abzulegen; wenn ich meine eisernen Masken und Visiere abrüste und mein Gesicht zeige.
* Frieden wird möglich, wenn ich im anderen den Mitmenschen erkenne, der – wie ich – Hunger und Angst, aber auch die Sehnsucht nach Geborgenheit und Zärtlichkeit kennt.

* Frieden wird möglich, wenn das Aggressive und Unbändige, das Bedrohliche und Beängstigende nicht mehr ausgegrenzt werden, sondern ihren Platz erhalten.
* Eine konkrete Übung: Ich wähle mir einen Stein und trage ihn eine Wegstrecke weit mit. Der Stein steht für etwas Schweres, Drückendes. Vielleicht kommt mir auch in den Sinn, wem ich noch etwas „nachtrage“ und damit mich selbst belaste. Oder wem ich den Stein gerne vorwerfen würde. Nachdem ich mir den Stein noch einmal genauer angeschaut habe (ist er kantig, scharf, kalt? Zu schwer, um ihn noch länger mitzuschleppen?), kann ich ihn ablegen. Vielleicht an einem Wegkreuz, an einer Kapelle. Oder als Steinmännchen an einer Weggabelung. Dann kann das Belastende einen neuen Sinn bekommen: Es wird zum Wegweiser für andere.

Nachsinnen

Der Herr hat mir geoffenbart, welchen Gruß wir brauchen sollen: „Der Herr gebe dir Frieden!“
(Franziskus in seinem Testament)

„Ich hatte keine Angst mehr, seit ich erfahren hatte, dass mein Gott auch der Gott des Wolfes ist.
Was an der Sache mit dem Wolf von Gubbio ungewöhnlich war, das war nicht, dass er sich besänftigen ließ, sondern dass sie, die Einwohner von Gubbio, sich besänftigen ließen und dass sie dem Wolf, der frierend und halb verhungert herankam, nicht mit Hippen und Äxten entgegengegangen sind, sondern mit Speise, mit warmer Polenta.
Darin liegt das Wunder der Liebe: zu entdecken, dass die Schöpfung ein zusammengehöriges Einiges ist, von Gott entworfen, der allen Vater ist, und wenn du waffenlos und friedvoll wie er auftrittst, wird die Schöpfung dich erkennen und dir zulächeln.“ (*Carlo Caretto)*[9]

der Wolf von Gubbio

denn jeder ist doch
dem andern ein Wolf
und vor lauter Angst
jagen wir einander Ängste ein

der verfolgte Verfolger
findet endlich zärtliche Hände
bei jenem Barfüßer
der unbewaffnet auf ihn zuging
und so den Teufelskreis
aus Aggression und Angst
gewaltlos brach

wie wirken wir doch
wechselseitig aufeinander
wie wäre es wenn wir versuchten
statt Angst uns
mehr Vertrauen einzuflößen

13. Stille und Einsamkeit

Zum Innehalten

Der junge Franziskus wird uns als fröhlicher und geselliger Mensch geschildert. Er zieht gerne mit seinen Kumpanen singend durch die Stadt und lädt zu ausgelassenen Festen ein. Die Entscheidung, Jesus Christus auf dem Weg der Armut zu folgen, reißt ihn aus der Gesellschaft seiner Stadt heraus. In den Augen seiner Mitbürger ist Franziskus verrückt geworden. Und in der Tat hat sich in seinem Selbst- und Weltverständnis etwas verrückt. Die bisherigen Werte bedeuten Franz nichts mehr.

Niemand versteht wohl, was in ihn gefahren ist. Man tuschelt über ihn, mehr noch: Er wird in aller Öffentlichkeit verhöhnt und verspottet, selbst von seinem leiblichen Bruder. Weil Franz jetzt so ganz anders auftritt, verunsichert er die Menschen, zu denen er sich vorher auf gleich und gleich gesellt hatte. Sie sind befremdet und schließen den ihnen derart Entfremdeten aus ihrer Gesellschaft aus. Franz wird jetzt einer von denen, deren Bruder er sein wollte: Er wird wie ein Aussätziger behandelt, der im bürgerlichen Milieu seiner Stadt nichts mehr verloren hat. Er muss die ganze Härte spüren, mit der eine Gesellschaft einen Aussteiger bestraft, der sich kritisch von ihr abwendet und einen nicht konformen Weg wählt.

Wer auf seine innere Stimme hört und nicht mehr stromlinienförmig dem vorgebahnten Weg folgt, wird gewöhnlich

von denen am meisten verachtet, die ihn vorher bewundert und ihm applaudiert hatten. Denn das Ausbrechen aus den gewohnten Gleisen stellt ja deren Sinn und Ziel in Frage. So muss der gesellige Franz jetzt einen sehr einsamen Weg antreten. Wer einen individuellen Lebensentwurf wählt, findet sich oft ganz allein auf weiter Flur. Die Einmaligkeit bringt auch Einsamkeit mit sich.
Franziskus nimmt dies nicht nur in Kauf, sondern wählt ganz bewusst die Lebensform des Eremiten, des Einsiedlers, der in der Stille und Abgeschiedenheit Gott sucht. Auch hier findet er in Jesus, der sich immer wieder zum Gebet in die Einsamkeit zurückgezogen hat, sein Vorbild: Er versucht, sein Allein-Sein als Chance zu leben, sich noch inniger mit Gott zu verbinden.

Sinne und Sinn spüren

Wer pilgert, entkommt der permanenten Sozialkontrolle, die man oft daheim oder bei der Arbeit erleben muss. Mit dem Rucksack unterwegs lebe ich nicht unter den Augen der anderen: Ich kann einfach ich selbst sein und muss mich mit anderen weder vergleichen noch ihnen gefallen; weder ihre Erwartungen erfüllen noch ihnen widersprechen.
Die Stille bietet die Chance, ganz bewusst den eigenen Weg zu spüren, den eigenen Schritt, das eigene Tempo. Die Einmaligkeit lässt uns oft auch die Einsamkeit erfahren. Denn diese gehört zum Menschsein. Wenn ich mich mit ihr anfreunde, kann ich die Stille sogar genießen: Niemand will

etwas von mir. Ich entkomme den Ansprüchen, die mich sonst bedrängen. Man lässt mich in Frieden.
Auch wenn man in einer Gruppe unterwegs ist, kann man Zeiten der Stille bewusst einrichten und pflegen. Etwa morgens im Schweigen aufstehen, frühstücken und loslaufen. Dies hilft, mehr bei sich zu bleiben und dadurch aufmerksamer zu werden: auf die inneren Stimmen und Stimmungen, auf das erste Licht des Morgens, auf die Schönheit der Landschaft. Das Bei-sich-Bleiben wird dann weniger als Einsamkeit erlebt. Es wird vielmehr zum Schlüssel für ein achtsames Wahrnehmen der Welt und meiner selbst. Es wird zum Raum, in dem ich mit tieferen Schichten in mir in Berührung komme – und damit auch dem Geheimnis des Göttlichen begegnen kann.

Nachsinnen

Die Bibel erzählt von Menschen, die in der Einsamkeit entdecken konnten, dass sie im Tiefsten nicht allein, sondern von Gott angeschaut und geliebt sind. Ein Beispiel: Abrahams Frau Sarai fürchtet ihre Magd Hagar als Nebenbuhlerin, weil diese von Abraham schwanger geworden ist und sich daher Sarai überlegen fühlt. Als Reaktion darauf jagt Sarai Hagar in die Wüste.

„Der Engel des Herrn fand sie an einer Wasserquelle in der Wüste ... Er sprach: Hagar, Sklavin Sarais, woher kommst du und wohin gehst du? Sie sagte: Vor Sarai, meiner Herrin, bin ich davongelaufen. Da sprach der Engel des Herrn zu

ihr: Kehr zurück zu deiner Herrin und beuge dich unter ihre Hand. Der Engel des Herrn sprach zu ihr: Mehren, ja mehren werde ich deine Nachkommen, so dass man sie wegen ihrer Menge nicht zählen kann ...
Da nannte sie den Namen des Herrn, der zu ihr gesprochen hatte: Du bist El-Roï – Gott schaut auf mich –. Denn sie sagte: Gewiss habe ich dem nachgeschaut, der auf mich schaut! Deswegen nennt man den Brunnen Beer-Lahai-Roï – Brunnen des Lebendigen, der auf mich schaut" (Gen 16,7–10.13f.).

Hagar ist verzweifelt und dem Tod nah. Doch dann hört sie, wie der Engel Gottes sie anspricht und ihr Mut macht, wieder zu Abraham und Sara zurückzukehren. Sie erfährt, dass sie in ihrer Einsamkeit und Not von Gott nicht vergessen ist. Sie nennt Gott „denjenigen, der nach mir schaut". Und dieser erste Name, den Menschen Gott in der Bibel geben, wird in Verbindung gebracht mit einem Brunnen: Die Ahnung, dass Gott sie liebevoll anschaut, wird zur Quelle neuer Lebenskraft.

Dort, wo Menschen ihre Einsamkeit spüren und annehmen, können sie zugleich eine tiefere Form von Verbundenheit erleben: Ich bin angewiesen auf ein größeres Du. Ich ersehne eine umfassende Liebe, wie sie Menschen gar nicht geben können. In der Einsamkeit wird der Wunsch nach einer Liebe spürbar, wie sie nur Gott schenken kann. Und das Spüren dieses Wunsches kann zur Spur werden, auf der Gott mir näher kommt.

14. Ein Ruhetag – ein Tag des Schweigens

Zum Innehalten

Franziskus geht nach seiner Bekehrung einen ganz eigenen und auch einsamen Weg und erlebt darin einen Sinn: Er geht den Weg Jesu, der ebenfalls ausgestoßen und verachtet wurde. So führt ihn dieser einsame Weg zugleich in eine neue und tiefe Verbundenheit mit Christus, mit dem er sich immer mehr identifizieren kann.

Diese positive Sinngebung findet ihren Ausdruck in den bewusst gewählten Zeiten der Abgeschiedenheit. Franz ist eben nicht nur allein, weil die anderen mit ihm nichts mehr zu tun haben wollen. Sondern er sucht selbst die Stille und Einsamkeit in der Natur. Immer wieder wird davon erzählt, dass Franz sich in eine Felshöhle im Gebirge zurückgezogen hat. Bis heute atmen die Grotten auf dem La Verna, in den Carceri, in Fonte Colombo, Poggio Bustone oder Greccio etwas von der Stille und Sammlung, die Franziskus dort gesucht hat.

Die Felshöhle gilt als Ort der spirituellen Verwandlung. Franziskus hat die Grotte von Subiaco besucht, in der Benedikt von Nursia als Einsiedler über lange Zeit gelebt hat, um aus dieser Erfahrung von Gottesnähe eine Mönchsgemeinschaft (Benediktiner) zu gründen. Als biblisches Vorbild gilt die Höhle, in welcher der Prophet Elija auf die Begegnung mit Gott gewartet hat, um ihn dann in einem leisen, sanften Säuseln des Windes zu erfahren. Die Felshöhle erinnert auch

an die Geburtsgrotte von Betlehem und an die Grabhöhle Jesu: Neues Leben wächst in der Stille heran und geht aus ihr hervor.
Franziskus lernt in den Zeiten des Schweigens auf die inneren Stimmungen zu hören und darin Gottes Stimme zu erkennen. Wenn er etwa in der Höhle von Fonte Colombo aus dem Gebet heraus die Regeln für seine Gemeinschaft aufstellt. Seinen Brüdern gibt er Hinweise, wie sie solche Zeiten der Zurückgezogenheit gestalten sollen: Jene, die als Ordensleute in Einsiedeleien leben wollen, sollen drei oder höchstens vier Brüder sein. Zwei von ihnen sollen als „Mütter" die beiden anderen versorgen, so dass diese im Schweigen bleiben und ungestört beten können. Diese Rollen sollen dann getauscht werden, so dass alle die Gelegenheit erhalten, ganz in die Stille und ins Gebet zu gehen.

Sinne und Sinn spüren

Wer eine längere Pilgerreise unternimmt, wird ab und zu einen Pausentag einlegen. Man muss ja auch mal seine Socken waschen und die Blasen versorgen. Es ist zu empfehlen, einen solchen Ruhetag als Tag der Stille zu gestalten.
Ich kann den Tag ganz bewusst im Schweigen beginnen und mir heute viel Zeit nehmen, um das Dasein in der Gegenwart zu üben. Ich bleibe länger an einem Ort, wo sich eine schöne Aussicht bietet, und überlasse mich dem Schauen. Oder ich finde eine stille Kapelle, in der ich lange sitzen kann, ohne viel nachzudenken. Ich darf vor Gott gegenwärtig sein. Das genügt.

Viele Menschen meiden die Stille, weil sie sich vor ihren eigenen inneren Stimmen fürchten. Wer freilich nicht mehr auf sich selbst hört, der hört bald nur noch auf andere oder anderes. Menschen sind umso leichter manipulierbar, je weniger sie einen Zugang zu dem haben, was sie selbst empfinden und wollen.
Im Schweigen kann ich wieder zu mir selber finden. Denn die Stille schafft Abstand von dem, was mich sonst bedrängt. Mein Herz beruhigt sich wie ein Gewässer, das nach einem Sturm wieder zur Ruhe kommt. Das Aufgewühlte kann absinken und ich sehe wieder klarer. Schweigen ist mehr als nur Abschalten. Im Schweigen lasse ich mich selbst los.
Vielleicht kann ich auch manches von dem, was mir heute in der Stille kommt, ins Tagebuch schreiben. So kann ich Gedanken festhalten – und sie zugleich loslassen: Im Niederschreiben lege ich sie ab. Und gehe dann morgen vielleicht verwandelt weiter.

Nachsinnen

„Immer wieder loben die Mönche das Schweigen. Das Schweigen ist für sie der Weg, sich selbst zu begegnen, die Wahrheit des eigenen Herzens zu entdecken. Schweigen ist aber auch der Weg, frei zu werden vom ständigen Beurteilen und Verurteilen der andern. Wir sind ja immer in Gefahr, jeden Menschen, dem wir begegnen, zu bewerten, einzuschätzen, zu beurteilen. Und oft genug finden wir uns dabei wieder, dass wir ihn verurteilen und richten. Schweigen indes hindert uns zu richten. Es konfrontiert uns immer wieder mit uns selbst. Es verbietet uns den Weg, unsere Schattenseiten auf die andern zu projizieren." *(Anselm Grün)*[10]

was wirklich nährt

beim reden zerredet
durch schreien verschrien
im sagen versagt

beim plappern verplappert
durch rufen verrufen
im krach verkracht

äußerungen veräußern
brüllen brüllt nieder
dröhnen dröhnt zu

stille
aber
kann stillen

15. „Als der Herr mir Brüder gab …“

Zum Innehalten

Franziskus hat sich für die Lebensform der Einsiedler entschieden. Dann geschieht etwas, was niemand und er selbst wohl am wenigsten erwartet hätte. In seinem Testament schreibt er rückblickend, dass Gott ihm Brüder zur Seite gegeben und ihm durch das Wort des Evangeliums gezeigt hat, wie sie gemeinsam leben sollen. Franz betont ausdrücklich, dass er in dieser Angelegenheit niemanden um Rat gefragt hat. Die Anweisungen des Evangeliums sprechen für ihn eine eindeutige und klare Sprache.

So stellt Franziskus Lebensregeln zusammen, die sich am Evangelium orientieren:

- Keiner soll sich „Prior“ (Erster) nennen; alle sollen grundsätzlich „Mindere Brüder“ (Minoriten) heißen. Und einer wasche dem anderen die Füße (vgl. Joh 13,14).
- Die „Minister“ (= Diener) der Gemeinschaft sollen die Brüder oft besuchen und geistlich ermahnen und stärken. Sie sollen beherzigen, was der Herr sagt: „Der Menschensohn ist nicht gekommen, um sich dienen zu lassen, sondern um zu dienen“ (vgl. Mt 20,28).
- Kein Bruder soll Macht oder Herrschaft ausüben, vor allem nicht innerhalb der Bruderschaft selbst. Denn der Herr sagt im Evangelium: „Die Herrscher unterdrücken ihre Völker und die Großen gebrauchen ihre Vollmacht gegen sie. Bei euch soll es nicht so sein, sondern wer

bei euch groß sein will, der soll eurer Diener sein" (vgl. Mt 20,25f.).

Franziskus legt Innozenz III. eine Regel für die noch kleine Gemeinschaft vor, die der Papst mündlich bestätigt. Diese Regel ist nicht mehr erhalten, bestand jedoch wahrscheinlich vor allem aus einer Zusammenstellung von Zitaten aus den Evangelien. Als sich der Gemeinschaft viele neue Mitglieder anschließen, braucht es eine weitere Regel, die Franziskus der Überlieferung nach im Jahr 1223 in Fonte Colombo durch Bruder Leo niederschreiben lässt.

In seinen Ordensregeln schlägt sich das Gottesbild von Franziskus nieder: Gott hat sich in Jesus Christus klein gemacht. Gott wird daher nicht gefunden, wo sich Macht und Herrschaft breitmachen, sondern wo Güte und Liebe wohnen. Die zwischenmenschlichen Beziehungen derer, die sich zu Jesus bekennen, müssen folglich frei sein von Machtinteressen und Herrschaftsstrukturen.

Alle Brüder sollen Jesus Christus in seiner Demut und Armut nachfolgen. Und sie sollen daran denken, dass sie nichts auf der Welt brauchen außer Nahrung und Kleidung. Damit sollen sie – nach einem Wort des Apostels Paulus – zufrieden sein (vgl. 1 Tim 6,8).

„Wo immer die Brüder sind und sich treffen, sollen sie sich einander als Hausgenossen erweisen. Und zuversichtlich soll einer dem anderen seine Not offenbaren. (…) Und wenn einer von ihnen in Krankheit fällt, dann müssen die anderen Brüder ihm so dienen, wie sie selbst bedient sein wollen."

(Aus der Ordensregel des Franziskus)[11]

Sinne und Sinn spüren

Vielleicht pilgere ich in einer kleinen Gruppe auf dem Franziskusweg. Und wenn ich allein unterwegs bin, werde ich wahrscheinlich auch anderen Pilgerinnen und Pilgern begegnen, mit denen ich eine Wegstrecke gemeinsam gehen kann; oder ich lerne sie im Nachtquartier kennen; oder ich komme mit Menschen am Weg ins Gespräch. All dies kann mich anregen, über meine Beziehungen und das Leben in Gemeinschaft nachzudenken.

Bei einer längeren Tour in einer kleinen Gruppe lernt man sich intensiv kennen. Denn es gibt kaum Möglichkeiten, sich vor den anderen zu verstecken. Die Rollen, die man sich daheim zugelegt hat, spielen beim Wandern keine Rolle mehr. Wenn die „Masken der Zivilisation" gefallen sind, können wir uns ins Gesicht sehen und die ungeschminkte Schönheit des anderen entdecken. Bisweilen kommt es auch zu Enttäuschungen, weil Idealisierungen zerbröseln.

Im gemeinsamen Unterwegssein ohne Ausweichspuren spüren wir die anderen, ihren Charakter, ihre Gefühle, ihre Muster. Wir reiben uns an ihren Macken und Marotten und freuen uns an den Gaben und Eigenschaften, die manchmal unerwartet und beglückend auftauchen. Wenn jemand die Vogelstimmen oder Blumen erkennt. Oder wenn jemand seinen letzten Vorrat an Trockenfrüchten aus der Tasche holt und teilt.

Das Originelle und Urige kommt zum Vorschein, allerdings auch das Unleidliche. Gefährten sind Menschen, mit denen man gemeinsam fährt und Gefahren besteht. Besonders in anstrengenden und schwierigen Situationen wird erlebbar, was Kameradschaft bedeutet.

* Ich kann heute versuchen, meine fünf wichtigsten Regeln für das Zusammenleben mit anderen (Familie, Partnerschaft, Freundschaft, Gemeinschaften) aufzuschreiben.
* Ich kann aus dem Abstand heraus an die Menschen denken, die mir etwas bedeuten: Ich habe sie für eine bestimmte Zeit zurückgelassen. Unter Umständen wächst der Wunsch, nach der Pilgerreise jemandem zu sagen, wie wichtig sie oder er mir ist.

Nachsinnen

In den Ordensregeln verschiedenster Gemeinschaften wird die Armut nicht durch das Ideal der Askese, sondern durch das Zusammenleben der Schwestern und Brüder begründet: Sie ist Konsequenz der Geschwisterlichkeit. Denn im Gemeinschaftsleben werden die gesellschaftlichen sozialen Rollen aufgehoben, die ja meistens auch an den Besitz gebunden sind. Es sollen keine Hierarchien aufgebaut werden, in denen unterschieden wird zwischen Adeligen und Bürgerlichen, Akademikern und Handwerkern. Vielmehr sollen sich alle prinzipiell als „Schwestern und Brüder“ verstehen und ihr Zusammenleben entsprechend gestalten.
Diese Selbstbezeichnung will zum Ausdruck bringen, dass man eine familienähnliche Struktur anstrebt, die von gegenseitiger Liebe und Verantwortung geprägt wird. Wenn es in einer Gemeinschaft keinen Privatbesitz gibt, so kann die soziale Gleichheit eher realisiert werden. Es geht um ein Teilen, wie man sagt, „unter Brüdern“.
Darauf macht auch das Wort Part-ner oder Partnerschaft aufmerksam, das sich von „partiri“ (lat. für „teilen“) herleitet: Man „teilt“ Interessen, Güter oder sogar sein Leben mit anderen. Eine Partnerschaft bringt es wohl immer mit sich, dass man Kompromisse schließen muss. Die eigenen Interessen müssen manchmal zurückgestellt werden, damit Gemeinschaft wachsen kann. Auf der einen Seite darf man sich dabei nie selbst verraten. Andererseits muss man dem anderen auch ein Stück entgegengehen, damit es zu einer Begegnung kommen kann.

Teilen bedeutet oft auch, dass man etwas zerteilt, zerbricht, zerschneidet und dann einen Teil hergibt. Gemeinschaft entsteht und wächst nur durch Aufbrechen und Zerbrechen hindurch. Und das heißt auch durch Mit-Teilen dessen, was mich beschäftigt, was ich denke, was ich empfinde. Ich behalte das nicht für mich, sondern riskiere es, mich zu zeigen und mein Inneres mit anderen zu teilen.

Vertrauensvorschuss

vorratspolitik der alten
aus angst zu kurz zu kommen
jeder auf sein brot versessen

ein kleiner Junge
der noch nicht rechnen kann
geht unbedarft umher und teilt

jetzt geben auch die anderen ungezählt
es reicht für alle und es bleibt
vertrauensvorrat dutzendweise

16. Gastfreundschaft

Zum Innehalten

Franziskus orientiert sich an der Packanleitung, die Jesus seinen Jüngern vorgab: Nehmt außer einem Wanderstab nichts mit auf den Weg, kein Brot, keine Vorratstasche, kein Geld im Gürtel, kein zweites Hemd und an den Füßen nur Sandalen (vgl. Mk 6,8f.). Warum schickt Jesus seine Jünger zum Predigen und Heilen bettelarm los?
Weil er selbst mit leeren Händen unterwegs ist, und das um seiner Botschaft willen. Jesus besaß offensichtlich kein Haus. Und trotzdem lud er immer wieder Menschen zum Essen ein. Eine eigentümliche Situation: Jesus ist Gastgeber und Gast zugleich, wenn er sich selber bei Zachäus einlädt: „Ich muss heute in deinem Haus bleiben!" (Lk 19,5). Jesus bereichert die Menschen, indem er bei ihnen einkehrt und etwas von ihnen annimmt. Dadurch erkennt der Zöllner Zachäus, dass das Reich Gottes nicht nach den ihm bisher vertrauten Gesetzen funktioniert. Es gibt keine einseitigen Abgaben, sondern ein wechselseitiges Geben und Nehmen. Mit der Anerkennung, dass sowohl ich als auch der andere, dass wir beide bedürftig sind, beginnt die neue Welt Gottes.
In dieser Haltung sollen auch die Jünger Jesu aufbrechen: Jesus schickt sie mit leeren Händen auf den Weg. So bleiben sie auf die Menschen angewiesen, zu denen er sie sendet. Zugleich sollen die Jünger eine gute Nachricht mitbringen, den Friedensgruß sprechen und Menschen heilen. Die Jün-

ger sind also Gebende und Empfangende in einem – wie auch ihre Adressaten. Die Verkündigung des Evangeliums ist keine Einbahnstraße, sondern immer eine gegenseitige Bereicherung.
Zudem wird durch den Verzicht auf Vorräte das Vertrauen herausgefordert. Wie sollte man auch den Leuten eine Predigt über Glauben und Vertrauen halten, wenn man diese Grundhaltung nicht selber spürt und lebt?
Ein weiterer Ratschlag, den Jesus mit auf den Weg gibt: Bleibt in dem Haus, in dem man euch aufnimmt. Die Jünger sollen folglich das Leben mit den Menschen teilen, denen sie das Reich Gottes verkünden wollen. Im konkret gelebten Alltag kann die neue Welt Gottes beginnen: Wenn Einheimische ihr Haus Fremden öffnen, wenn Vorurteile abgebaut werden, wenn man das gewöhnliche Leben im Haushalt miteinander teilt.
In der Gastfreundschaft dürfen Menschen erleben, dass sie Gastgeber und Gast zugleich sind. Die Rollen sind austauschbar. Die menschlichen Hierarchien werden aufgebrochen. Jeder ist Schenkender und Beschenkter. Ein neues Miteinander, ein solidarischer Lebensstil, eine gerechtere Welt werden möglich.
Interessanterweise kennt das Französische – wie das Lateinische – nur ein Wort, das Gast *und* Gastgeber meint: hôte bzw. hospes. Es ist eine zentrale Erfahrung von Liebe, dass man nicht mehr zwischen Geben und Empfangen unterscheiden kann. Lieben und geliebt werden: ein und dasselbe. Anschauen und angeschaut werden: ein und dasselbe.
Franziskus nimmt diesen Aspekt des Evangeliums sehr ernst:

„Die Brüder sollen sich nichts aneignen, weder Haus noch Ort noch sonst eine Sache. Und gleich wie Pilger und Fremdlinge in dieser Welt, die dem Herrn in Armut und Demut dienen, mögen sie voll Vertrauen um Almosen bitten gehen und sollen sich dabei nicht schämen, weil der Herr sich in dieser Welt für uns arm gemacht hat.“[12]

Sinne und Sinn spüren

Die Parabel „Der Aufbruch" erzählt von einem Herrn, der seinem Diener befiehlt, das Pferd zu satteln. Als der Herr dann losreiten will, ist der Diener sehr verwundert: Du hast gar keine Essensvorräte dabei! Darauf erwidert der Herr: Ich brauche keine Vorräte. Denn die Reise ist so lang, dass ich verhungern müsste, wenn ich auf dem Weg nichts bekäme … *(nach Franz Kafka).*

Die menschliche Lebensreise ist so weit, dass wir stets darauf angewiesen bleiben, unterwegs etwas zu bekommen. Gerade die entscheidende Nahrung für die Seele, wie etwa Freude, Mut oder Geduld, kann man nicht auf Vorrat ansparen. Ähnliches gilt für Beziehungen: Es gibt keine Freundschaft aus Konserven. Wir können nur vertrauen, dass uns Liebe und Freundschaft immer wieder neu geschenkt werden.

Beim Pilgern kann man konkret spüren: Wir können die Vorräte, die wir für die Pilgerreise benötigen, unmöglich mit uns herumschleppen. Wir können nur vertrauen, dass wir unterwegs das Nötigste finden: eine Herberge, eine Gaststätte, einen Laden, eine Bar. Und Menschen, die uns helfen, wenn etwas Unvorhergesehenes passiert. Pilger sind auf Gastfreundschaft angewiesen. Sie bringen freilich auch etwas mit:

- den Gruß „pace e bene";
- ein Zeichen der Hoffnung, dass die Grenzen von Sprache und Nation überwunden werden können und alle Menschen Geschwister sind;

* vielleicht ein Gespräch – und wenn es mit Händen und Füßen ist;
* ein kleines Gastgeschenk, eine Aufmerksamkeit für den Gastgeber / die Gastgeberin.

Diese Erfahrungen können auch dazu anregen, die Gastfreundschaft in den Blick zu nehmen, die ich daheim anbieten kann:

* Wen kann, will ich einladen?
* Wie geht es mit unerwarteten Gästen?
* In welcher Weise kann ich denen Gastgeber oder Gastgeberin werden, die nicht als Pilger, sondern als Vertriebene und Geflüchtete zu uns gekommen sind?

Nachsinnen

Die Bibel erzählt, dass das Volk Israel 40 Jahre lang durch die Wüste zog. In dieser Zeit kam es zu einer Krise, weil es zu wenig zu essen gab. Da schenkte Gott dem Volk eine Art von Brot, das Manna. Von diesem Brot sollten die Leute jeden Tag nur so viel einsammeln, wie sie als Tagesration brauchten. Einige sammelten vom Manna jedoch mehr ein, als notwendig war. Aber das Brot wurde wurmig und stank (vgl. Ex 16,20). Diese Erfahrung wurde zu einer wichtigen Lektion: Das von Gott geschenkte Brot lässt sich nicht horten. Der Wunsch, möglichst viel zu bunkern, ist ein Zeichen für fehlendes Vertrauen. Liebe lässt sich nicht einwecken oder aufsparen. Liebe schenkt sich immer nur von Augenblick zu Augenblick. Sie lebt vom Vertrauen, dass die andere Person mir treu bleiben und mich auch morgen wieder beschenken wird.

17. Die wahre Freude

Zum Innehalten

Von Franziskus wird erzählt, dass er als junger Mensch gerne gefeiert und gesungen hat. Er gerät jedoch in eine Krise, weil ihm sein Lebensstil leer und hohl vorkommt. Die Begegnung mit dem Leprakranken eröffnet ihm eine andere emotionale Dimension: Was ihm vorher widerwärtig und bitter vorkam, schmeckt ihm süß. Franziskus löst sich immer mehr von seinem ausschweifenden Lebensstil und wählt ein Leben der Armut und der Buße.
Doch er läuft nicht sauertöpfisch durch die Gegend. Im Gegenteil: Die Quellen berichten von einer Heiterkeit, von einer spielerischen Leichtigkeit. Erfüllt von seinen religiösen Erfahrungen, nämlich von Gott ganz angenommen und geliebt zu sein, beginnt er spontan, fröhliche Lieder zu singen. Manchmal hob er auch ein Holz vom Boden auf und legte es über seinen linken Arm, nahm dann einen kleinen, mit Faden bespannten Bogen in seine Rechte und führte ihn über das Holz wie über eine Geige. Dazu führte er entsprechende Bewegungen auf und sang in französischer Sprache vom Herrn *(nach Thomas von Celano).*
Diese Fröhlichkeit prägte auch das Zusammenleben der Brüder: Ein Zeugnis berichtet, dass sie in ihrer Armut so glücklich und ausgelassen waren, dass sie gelegentlich sogar das gemeinsame Gebet unterbrechen mussten, um das ansteckende Lachen, das sie befiel, vorübergehen zu lassen.

Der Grund ihrer Freude lag darin, dass sie den Schatz im Acker gefunden hatten, von dem das Evangelium erzählt. Vor lauter Freude an Gott und seiner Barmherzigkeit beginnen sie mitunter spontan zu singen. Wer über Gott und seine Liebe staunt, fühlt sich leicht wie eine Lerche, die aufsteigt und hoch im Blau des Himmels ihr Lied singt.

Sinne und Sinn spüren

Äußerlich betrachtet hat sich bei Franziskus im Blick auf seine Fröhlichkeit nichts verändert: Er liebt nach wie vor Spiel, Tanz und Gesang. Doch deren Hintergrund hat sich gewandelt. Was ihm wirklich Freude macht, sind nicht mehr modische Kleidung oder verschwenderische Partys. Eine in verschiedenen Variationen überlieferte Geschichte will verdeutlichen, worin die „wahre Freude“ besteht.

Franz und Bruder Leo befinden sich bei winterlichem Wetter auf dem Heimweg zur Portiuncula und unterhalten sich. „Schreib auf, Leo“, so fordert Franz seinen Gefährten auf: „Wenn alle Professoren der Universität von Paris ihre Lehrstühle aufgeben und Franziskaner werden, so finden wir darin nicht die wahre Freude.“
„Und wenn sich durch unsere Predigt alle Menschen zum Christentum bekehren, so liegt darin nicht die wahre Freude.“
„Und wenn ich Kranke heilen und Wunder wirken könnte, so besteht darin nicht die wahre Freude.“
Bruder Leo fragt verwundert: „Worin liegt denn nun die wahre Freude?“
Und Franziskus antwortet: „Stell dir vor: Wir kommen heute Nacht bei der Portiuncula an und es schneit. Und meine nackten Füße sind vom Gehen durch den gefrorenen Schnee schon blutig. Ich klopfe bei unseren Brüdern an der Tür.

Der Bruder an der Pforte fragt: Wer bist du? Und ich antworte: Ich bin Franziskus. Lass mich herein. Ich bin völlig durchgefroren.
Der Bruder wehrt ab: Warum kommst du so spät? Ich lass dich jetzt nicht mehr herein!
Ich bitte noch einmal. Jetzt beschimpft er mich sogar: Du bist ein Idiot und Einfaltspinsel. So jemanden wie dich brauchen wir nicht.
Ich flehe ihn an: Lass mich um der Liebe Gottes willen wenigstens für diese Nacht ins Haus.
Doch er schickt mich weg: Ich lass dich nicht rein. Geh zu einem anderen Kloster und frage dort!
Ich sage dir, Bruder Leo, wenn ich in dieser Situation die Geduld bewahre und mich nicht aufrege, das wäre die wahre Freude.

* Die wahre Freude besteht für Franziskus im Annehmen seines Platzes am Rand der Gesellschaft und auch im Annehmen der Mitbrüder, die nicht einmal ihren eigenen Gründer erkennen wollen und ihn wegjagen.
* Franziskus fühlte sich in notvollen Situationen Jesus nahe und verbunden: „Jesus, meine Freude". Kann mir mein Glaube an Gott, die Freundschaft mit Jesus einen Trost und Halt geben, wenn ich mich bedrängt oder verletzt fühle?
* Kenne ich Situationen, wo ich trotz großer Probleme oder Anfeindungen innerlich ruhig und gelassen bleiben konnte?

Nachsinnen

Gebet (in zwei Gruppen als Wechselgebet)

Jesus, du Weggefährte deiner Jünger – geh mit uns
Jesus, du verborgener Weggefährte – geh mit uns
Jesus, du geduldiger Weggefährte – geh mit uns
Jesus, du treuer Weggefährte – geh mit uns

wenn wir nicht mehr weiterwissen – geh mit uns
wenn wir enttäuscht sind – geh mit uns
wenn wir erschöpft sind – geh mit uns
wenn wir müde sind – geh mit uns
wenn wir aufgeben wollen – geh mit uns
wenn alles zum Davonlaufen ist – geh mit uns
wenn unsere Augen nicht mehr weitersehen – geh mit uns
wenn unsere Füße nicht mehr weiterwollen – geh mit uns
wenn alles ausweglos scheint – geh mit uns

du fragst uns nach unserer Not – sei du unser Trost
du erinnerst uns an gute Worte – sei du unser Trost
du öffnest uns die Augen für den roten Faden – sei du unser Trost
du lässt uns staunen über das Wunder des Lebens – sei du unser Trost
du bleibst bei uns, wenn es Abend wird – sei du unser Trost
du teilst mit uns das Brot und den Wein – sei du unser Trost
du brichst immer wieder mit uns auf – sei du unser Trost

du Weg durch die Dunkelheit – sei du unsre Freude
du Ausweg aus den Sackgassen – sei du unsre Freude
du Weg in einen neuen Morgen – sei du unsre Freude
du Ziel, das unserem Weg einen Sinn gibt – sei du unsre Freude

18. Schicksalsgemeinschaft mit Jesus

Zum Innehalten

Der Berg „La Verna" zählt zu den Lieblingsorten von Franziskus. Graf Orlando di Chiusi hat ihm diesen felsigen Gipfel als Rückzugsort überlassen. Dort kann sich Franziskus in die Schönheit der Natur und in die Stille zum Gebet zurückziehen. Doch etwa zwei Jahre vor seinem Tod muss Franz an diesem Ort darum ringen, den Willen Gottes zu akzeptieren.

In „Konsequenz" steckt das Wort „sequi" (lateinisch: folgen, nachlaufen). Franziskus will Christus radikal nachfolgen, und manche Konsequenzen dieses Weges erweisen sich als sehr schmerzlich. Es wird von einer spirituellen Krise, einer dunklen Zeit, vom Kampf mit dem Teufel berichtet – und von einer Vision, die Leib und Leben von Franziskus abschließend prägt.

Am Beginn seiner Bekehrung steht die Begegnung mit dem Aussätzigen. Franz überwindet seinen Ekel und umarmt und küsst ihn. Auch später sucht er wie Jesus die Nähe der Leprakranken, die von der Gesellschaft verachtet und ausgeschlossen werden. So lebt er beispielsweise eine Zeitlang in einem Haus für Aussätzige unweit von Assisi und wäscht die Wunden der Kranken.

Es ist nicht auszuschließen, dass sich Franziskus mit Lepra angesteckt hat. Vielleicht hat er eines Tages an seinen Füßen, Händen oder am Oberkörper mit Schrecken die Hautverfärbungen und Knoten festgestellt. Man kann sich leicht vorstellen, welche Reaktionen und Fragen das bei Franziskus ausgelöst hat: „Mein Gott, warum ich? Ich habe die Aussätzigen liebevoll umarmt, weil ich Christus in ihnen gesehen habe. Warum muss ich dafür leiden?“

Von solchen Fragen und Zweifeln gequält, zieht sich Franz auf den geliebten Berg La Verna zurück. Und dort geht ihm im Gebet auf: Jesus Christus nachfolgen heißt, das Schicksal Christi erleiden. Und wenn du im Aussätzigen Christus erkennst, dann wirst du diesem Christus dadurch ähnlich, dass du selbst von dieser Krankheit befallen wirst. Der Sinn dieser letzten, nicht mehr gewählten, sondern auferlegten Solidarität mit den Leprakranken erschließt sich Franziskus in einer Vision: Er kann seine Wunden an Händen, Füßen und Brust mit den Wunden Christi identifizieren.

In einem Bild gesprochen, das dann vielfach dargestellt wurde: Franziskus findet die Wunden des Gekreuzigten in seinen eigenen Wunden wieder. Er kann seine Krankheit annehmen als Preis für die Nähe Christi, die er in den Aussätzigen gespürt hat. Die dunkle Nacht von Zweifel und Klage ist überwunden. Franziskus trägt seine Wunden als Stigmata (Zeichen) seiner innigen Verbundenheit mit Christus. Er wollte leben wie er. Bis zu welcher Konsequenz das führen kann, geht ihm in seiner Gebetsgrotte auf dem La Verna auf.

Sinne und Sinn spüren

Entscheidungen für Werte haben einen Preis, der vielleicht erst später abverlangt oder spürbar wird.
Etwa die Entscheidung für eine Partnerschaft, Kinder, ein bestimmtes Engagement.

- Konnte ich mich mit den unerwarteten und harten Konsequenzen einer solchen Entscheidung anfreunden?
- Schmerzen manche Konsequenzen noch? Hadere ich mit meinem Schicksal?
- Kann ich mich von der Vision auf dem La Verna einladen lassen, mich mit Jesus und seinem Schicksal zu verbinden, zu identifizieren?

Nachsinnen

Aus dem „Vierten Lied vom Gottesknecht" (in dem die christliche Tradition das Schicksal Jesu vorgezeichnet sah):
„Er wurde verachtet und von den Menschen gemieden, ein Mann voller Schmerzen, mit Krankheit vertraut. Wie einer, vor dem man das Gesicht verhüllt, war er verachtet; wir schätzten ihn nicht. Aber er hat unsere Krankheit getragen und unsere Schmerzen auf sich geladen. Wir meinten, er sei von Gott geschlagen, von ihm getroffen und gebeugt. Doch er wurde durchbohrt wegen unserer Vergehen, wegen unserer Sünden zermalmt. Zu unserem Heil lag die Züchtigung auf ihm, durch seine Wunden sind wir geheilt" (Jes 53,3–5).

Das Wunder der Wunden

der Aussätzige am Wegrand
stinkend und abstoßend
ein innerer Ruf
treibt dich ihm in die Arme
du küsst die schorfige Haut
und dein eigenes Herz
bricht auf wie eine Wunde
hier ist Christus

auf deinen Wanderwegen
barfuß und zerlumpt
schließt du die Aussätzigen
zärtlich in die Arme
doch am Abend bluten
Hände und Füße und Leib
du hast dich angesteckt
wo ist Christus

du ziehst dich zurück
verwirrt und verdunkelt
auf den einsamen Berg
warum dieses Los
ein Engel aber zeigt dir
deine Wunden als die Seinen
unter Tränen wirst du
zum zweiten Christus

19. Komm, Schwester Tod!

Zum Innehalten

Franziskus hat sich für ein materiell armes Leben entschieden, weil er einen spirituellen Reichtum entdeckt hat, der ihn erfüllt: die Güte Gottes. Denn aus Barmherzigkeit hat Gott die Seite gewechselt, hat sich der Allmächtige ohnmächtig gemacht. Franziskus will diese Dynamik in seinem eigenen Leben nachvollziehen. Dabei lernt er, dass er die Zuwendung Gottes umso stärker spüren kann, je mehr er sich abwendet von materiellen Gütern, Ruhm und Ehre oder einem gesellschaftlichen Platz. Franziskus hat erfahren, dass all diese Dinge letztlich nicht halten können, was sie versprechen, nämlich Glück und Liebe, die wirklich erfüllen.

Lieben aber heißt immer auch sterben: nämlich sich selbst loslassen, sich einem anderen anvertrauen und überlassen. Ich habe mein Leben nicht mehr in der Hand, sondern gebe es aus der Hand, um aus Beschenkt-Sein zu leben. Dieses Sterben fällt schwer. Denn der Mensch klebt an sich selbst und meint, er müsse sich durch Habe und Besitz absichern. Es sind die vielen kleinen Tode, die der Mensch erleiden muss, um mehr aus dem Vertrauen zu leben. Im kleinen Sterben des Alltags, im Loslassen materieller Dinge oder im Verzicht auf Ansehen und Ehre klopft immer auch schon der große Tod, der endgültige Abschied an die Tür.

Während seines Lebens wollte Franziskus nackt dem nackten Christus folgen. Auch bei seinem letzten Schritt will er dem am Kreuz entblößten Christus ähnlich werden. Diesen Tod kann Franziskus sogar „Schwester" nennen und ihn gefasst erwarten. Denn er hofft, in der letzten Ohnmacht und Nacktheit von Gott bergend in die Arme geschlossen zu werden.
Im Sonnengesang hat Franziskus dem Tod eine eigene Strophe gewidmet. Das Schicksal des Todes ist jedem Menschen bestimmt. Diesen natürlichen Tod müssen alle erleiden. Dagegen kann der Mensch dem „zweiten Tod" (Offb 20,14) entkommen, das heißt: der absoluten Einsamkeit, dem Absturz ins Nichts, der unwiderruflichen Gottferne, der ewigen Verdammnis. Diesen zweiten Tod erleidet, wer in tödlicher Sünde stirbt, wer sich also radikal von Gott getrennt hat. „Sünde" kommt von „sondern". Wer hingegen auf Gott hofft und sich vom Glauben an Gottes Güte nicht abschneidet, braucht sich vor diesem zweiten Tod nicht zu fürchten.

Sinne und Sinn spüren

Jeder Mensch spürt, dass er keine feste Bleibe hat. Er ahnt, ja er weiß, dass der Tod jedes Bemühen, sich irgendwo fest niederzulassen, radikal durchstreichen wird. Der Mensch bleibt ein Fremdling, der nach einer ewigen Heimat sucht, in der er endgültig ankommen kann.
Dies wird beim Pilgern körperlich und seelisch spürbar. Denn Pilgern meint ein bewusstes Wahrnehmen meines täglichen Aufbrechens und Ankommens. Dies hilft, ganz

konkret zu erleben, dass ich keine bleibende Heimat habe. Mit jedem Schritt, der mich weiterbringt, muss ich mich zugleich lösen von einem bereits erreichten Stück Erde. Reisen hat etwas mit „reißen“ zu tun, mit los-reißen. Mir wird deutlich, dass ich nichts festhalten kann.

Jeder Pilgerweg konfrontiert uns daher auch mit dem Tod. Denn beim Gehen kann ich wahrnehmen, dass ich vergehe, dass ich vergänglich bin. Im Sterben erfährt der Mensch noch einmal – ob er will oder nicht – seine ganze Armut. Bei diesem letzten Schritt und Schnitt muss der Mensch seine Ohnmacht, seine Unsicherheit, sein Ausgesetztsein aushalten. Jetzt zählt nur noch die Beziehung zu Gott: der Funke Hoffnung, nicht ins Leere zu fallen, und das Vertrauen, dass Liebe nie vergeblich ist.

* Franz wollte nackt auf dem Erdboden liegend sterben. Er wollte im Kreis seiner Brüder sterben, teilte ihnen noch Brot aus und ließ das Evangelium von der Fußwaschung lesen.

Ich kann mich fragen, in welcher Weise ich gerne sterben würde: Mit welchen Menschen in meiner Nähe? Mit welcher Geste, welchem letzten Wort?

* Unterwegs werde ich immer wieder an das Sterben erinnert: Ich komme an Friedhöfen vorbei. In manchen Kirchen sind Heilige bestattet, deren Grabmäler mich ansprechen können: Welches Wort, welches Bild steht über ihrem Leben und Sterben?
* Franziskus hat ein bewegendes Testament geschrieben, in dem er seinen Weg zusammenfasst und seinen Brüdern wichtige Weisungen mitgibt.

Will auch ich zentrale Erfahrungen meines Lebens in meinem Testament mit anderen teilen (wofür ich dankbar bin, was mich schmerzt, welche Hoffnung ich wie eine Fackel weitergeben will)?

Nachsinnen

vogelpredigt

wohin zugvogel
welchen windes fliegst du

vaterlandsverloren
über alle gewohnheitsgrenzen hinaus
bis in die träume des papstes
und an des sultans hof

wovon singvogel
erzählt dein nächtliches Lied

von liebe die verrückt macht
und wenn die menschen
ihren ohren nicht trauen
so lauschen mir doch die vögel

warum wandervogel
liegst du nackt wie aus dem nest gefallen

der tod umarmt mich schon
und doch besinge ich die güte dessen
der die vögel nährt
und fliege in seinen himmel heim

20. Es geht immer weiter

Zum Innehalten

Beim Pilgern kommt man an ein Ziel und doch an kein Ende. Denn es geht auch um eine innere Reise, für die eine Wegstrecke des Pilgerns vielleicht eine wichtige Etappe darstellt, sie aber nicht abschließt. Pilger sind wir Menschen, rast- und ruhelos, immer weitergetrieben …
Dies kann einerseits eine Traurigkeit hervorrufen. Denn wir würden ja gerne auch einmal ankommen, ein richtiges Zuhause haben, das nicht mehr in Frage gestellt wird. Alles jedoch, was wir bauen, bleibt zerbrechlich und vorläufig.
Andererseits bewohnt uns ein Drang nach vorn, ein „immer weiter". Diese Lebensenergie lässt die Hoffnung aufkeimen, dass das Leben auch im Tod noch nicht verstummt, sondern weitersingen will, in anderen Sphären und Räumen. Christen erhoffen ein Leben nach dem Tod, das kein „sich zur Ruhe setzen" bedeutet, sondern ein nie endendes Fest.
Es kennzeichnet Franz von Assisi, dass er bei seiner Suche, Jesus von Nazaret zu folgen, an kein Ende kam. Es drängte ihn immer weiter über sich selbst hinaus. Am Ende seines Lebens, als er einen eindrucksvollen und für viele andere faszinierenden Weg hinter sich hat, ruft er aus: „Brüder, lasst uns endlich anfangen. Wir haben noch nichts getan!"
Auf dem Weg, ein liebender Mensch zu werden – und nichts anderes bedeutet die Nachfolge Jesu –, bleibt man Anfänger und kommt an kein Ende. Liebe beschränkt und

begrenzt sich nicht selbst. Vielmehr wohnt ihr eine Dynamik inne mit einer nach oben offenen Skala. Von echter Liebe kann man nie genug bekommen und nie genug herschenken. Sie wird nicht satt und hat es nie satt. Liebe gleicht einem Mahl, das nicht endet. Meister Eckart wird der Satz zugeschrieben: „In geistlichen Dingen gibt es keine Sättigung, denn je mehr man davon gekostet hat, umso mehr dürstet man danach." Diese Dynamik weist auf ihren göttlichen Grund hin: Denn Gott ist unerschöpflich. Und wer von ihm Liebe empfängt, will diese weiterfließen lassen – was ihn dazu befähigt, noch mehr Liebe zu empfangen – und immer so fort: Liebe ohne Grenzen und Ende.

Sinne und Sinn spüren

Wenn ich nach dem Pilgern wieder zuhause ankomme, so räume ich den Rucksack vielleicht in einen Schrank, aber mein Weg geht weiter. Wir können den Lauf der Zeit und die Dynamik des Lebens nicht anhalten. Es bleibt die Frage, welche Erfahrungen und Einsichten vom Pilgern mich im Alltag weiter begleiten sollen.

- Wie kann das, was mir auf-gegangen ist, weitergehen? Wie kann *ich* damit weitergehen?
- Vielleicht finde ich eine ganz konkrete Übung, eine Haltung, eine Weise des Betens oder der Aufmerksamkeit, die ich auch zuhause weiterführen kann.

Ein wichtiger Hinweis: sich nicht zu viel vornehmen! Vielmehr eine konkrete Sache in den Blick nehmen, die auch realistisch durchführbar ist. Mir etwa regelmäßig Zeit für eine kleine Übung der Stille oder einen aufmerksamen Spaziergang nehmen. Oder mich ehrenamtlich für Menschen engagieren, die in unserer Gesellschaft an den Rand gedrängt werden.

Nachsinnen

Das wohl berühmteste Franziskusbild findet sich in der Unterkirche von S. Francesco, gemalt von Cimabue: Franz ist gezeichnet von den Wundmalen und hält das Evangelium in der Hand: „Wer nach dem Evangelium lebt, durch den wird Christus sichtbar. Dabei ist eines wichtig: Franz hat nicht an sich gearbeitet, sondern er hat sich bearbeiten lassen. Er hat nicht ständig auf sich selbst geschaut und versucht, sich dem Bild anzugleichen, das er sich gemacht hat. Er hat sich von Gott bearbeiten lassen, bis Christus sich von innen her durch ihn durchgedrückt hat. Er hat sich zur Verfügung gestellt. Und wenn er gescheitert ist und umgefallen, dann ist er eben wieder aufgestanden, damit Gott weitermachen kann. Er hat ihm blind vertraut, hat seine Liebe gespürt und sich hingegeben.“ *(Michael Lück)*

der erfahrene pilger

vom wandern bewandert
lerne ich mehr und mehr
mich zu beschränken

mit abnehmenden kräften
schleppe ich immer weniger
mit mir herum

auf die letzte reise
gehe ich dann
splitternackt

Anhang

Sonnengesang

Höchster, allmächtiger, guter Herr,
dein ist das Lob, die Herrlichkeit und Ehre und jeglicher Segen.
Dir allein, Höchster, gebühren sie
und kein Mensch ist würdig, dich zu nennen.

Gelobt seist du, mein Herr,
mit allen deinen Geschöpfen,
besonders dem Herrn Bruder Sonne,
welcher der Tag ist und durch den du uns leuchtest.
Und schön ist er und strahlend mit großem Glanz:
von dir, Höchster, ein Sinnbild.

Gelobt seist du, mein Herr,
durch Schwester Mond und die Sterne.
Am Himmel hast du sie geformt,
klar und kostbar und schön.

Gelobt seist du, mein Herr,
durch Bruder Wind,
für Luft und Wolken und heiteres und jegliches Wetter,
durch das du deine Geschöpfe am Leben erhältst.

Gelobt seist du, mein Herr,
durch Schwester Wasser.
Sehr nützlich ist sie
und demütig und kostbar und keusch.

Gelobt seist du, mein Herr,
durch Bruder Feuer,
durch den du die Nacht erhellst.
Und schön ist er und fröhlich und kraftvoll und stark.

Gelobt seist du, mein Herr,
durch unsere Schwester, Mutter Erde,
die uns erhält und lenkt und vielfältige Früchte hervorbringt,
mit bunten Blumen und Kräutern.

Gelobt seist du, mein Herr,
durch jene, die verzeihen um deiner Liebe willen
und Krankheit ertragen und Not.
Selig, die solches ertragen in Frieden,
denn du, Höchster, wirst sie einst krönen.

Gelobt seist du, mein Herr,
durch unsere Schwester, den leiblichen Tod;
kein lebender Mensch kann ihm entrinnen.
Wehe jenen, die in tödlicher Sünde sterben.
Selig, die er finden wird in deinem heiligsten Willen,
denn der zweite Tod wird ihnen kein Leid antun.

Lobet und preiset meinen Herrn
und dankt ihm und dient ihm mit großer Demut.

Aus den „Ermahnungen“[13]

Wo Liebe ist und Weisheit,
da ist nicht Furcht noch Unwissenheit.
Wo Geduld ist und Demut,
da ist nicht Zorn noch Verwirrung.
Wo Armut ist mit Fröhlichkeit,
da ist nicht Habsucht noch Geiz.
Wo Ruhe ist und Betrachtung,
da ist nicht Aufregung noch unsteter Geist.
Wo Erbarmen ist und Besonnenheit,
da ist nicht Übermaß noch Verhärtung.

Gebet des Franziskus vor dem Kreuzbild von San Damiano[14]

Höchster, glorreicher Gott,
erleuchte die Finsternis meines Herzens
und schenke mir rechten Glauben,
sichere Hoffnung
und vollkommene Liebe.
Gib mir, Herr, das rechte Empfinden und Erkennen,
damit ich deinen heiligen und wahrhaften Auftrag erfülle.
Amen.

Der Segen der hl. Klara[15]

Unser Herr segne und behüte dich.
Er zeige dir sein Angesicht und erbarme sich deiner.
Er wende dir sein Antlitz zu und schenke dir den Frieden.
Ich bitte Jesus Christus in seinem Erbarmen,
der Vater gebe und bestätige dir diesen seinen Segen:
Hier auf der Erde gebe er dir reiche Gnade und Wachstum in der Tugend,
dort im Himmel schenke er dir einmal die Fülle der Freude und die Gemeinschaft mit den Heiligen.
Ich segne dich, solange ich lebe,
und ich werde dich segnen, wenn ich bei Gott bin.
Ich segne dich, so gut ich es vermag und mehr, als ich es vermag.
Ich erbitte dir den Segen, den Gott
selbst seinen Kindern schenken will.
Erfahre meine ganze Zuwendung.
Erfahre auch meine Bitte, dass du mit Sorgfalt bewahrst,
was du dem Herrn gelobt hast.
Der Herr sei bei dir zu allen Zeiten.
Und Gott gebe dir, dass du allezeit in ihm bleibst.

Anmerkungen und Quellenangaben

[1] Ich orientiere mich vor allem an: Volker Leppin, Franziskus von Assisi, Darmstadt 2018; Helmut Feld, Franziskus von Assisi, München 2017 (4. Auflage); Raoul Manselli, Franziskus. Der solidarische Bruder, Zürich – Einsiedeln – Köln 1984.

[2] Volker Leppin, Franziskus von Assisi, a.a.O., 95.

[3] Aus: Ernesto Cardenal, Das Buch von der Liebe, Peter Hammer Verlag, Wuppertal 1971, Neuausgabe 2004.

[4] Zitiert bei Willi Lambert, Aus Liebe zur Wirklichkeit, Ostfildern 2008, S. 22f.

[5] Vgl. Ernesto Cardenal, Die Stunde Null, Wuppertal 1979, 342f.

[6] Vgl. Regel für einen neuen Bruder, Münsterschwarzach 2002.

[7] Ernesto Cardenal, Die Stunde Null, a.a.O., 343f.

[8] Helmut Schlegel, Assisi für Pilger. Ein spiritueller Reisebegleiter, Würzburg 2013, 209.

[9] Auszug aus: Carlo Caretto, Was Franziskus uns heute sagt, © 1981 Verlag Herder Freiburg i. Br., 104.

[10] Auszug aus: Anselm Grün, Der Himmel beginnt in dir. Das Wissen der Wüstenväter für heute, © 2012 Verlag Herder GmbH, Freiburg i. Br., 62.

[11] Zitiert nach Helmut Schlegel, a. a. O., 82.

[12] Ebd., 83: FQ – Bullierte Regel, Kap. 6,1–3.

[13] Ebd., 71: FQ – Ermahnungen, Kap. 27.

[14] Ebd., 169.

[15] Ebd., 210.

Die Bibelstellen sind zitiert nach der Einheitsübersetzung der Heiligen Schrift, vollständig durchgesehene und überarbeitete Ausgabe, Stuttgart 2016.

Die meisten der hier zitierten Gedichte von Andreas Knapp wurden bereits im Echter Verlag Würzburg veröffentlicht, und zwar in folgenden Gedichtbänden:
Ausblick ins Unendliche (2012)
Beim Anblick eines Grashalms (2017)
Brennender als Feuer (8. Auflage 2017)
Gedichte auf Leben und Tod (4. Auflage 2016)
Weiter als der Horizont (9. Auflage 2019)

Darüber hinaus sind von Andreas Knapp im Echter Verlag erschienen
Heller als das Licht (4. Auflage 2018)
Höher als der Himmel (4. Auflage 2018)
Tiefer als das Meer (5. Auflage 2016)

Das Ende vom Ende (2016)
Mit Engeln und Eseln (4. Auflage 2017)
Vom Segen der Zerbrechlichkeit (3. Auflage 2018)